가을은 매번 옳다

53글방 제3집

김석태

김흥식

박수경

배정훈

신준호

오영욱

임영희

정남철

조영도

조종길

한소희

가을은 매번 옳다

초판 1쇄 발행 2021년 10월 22일

지은이 김석태, 김흥식, 박수경, 배정훈, 신준호, 오영욱, 임영희, 정남철, 조영도, 조종길, 한소희
펴낸이 장길수
펴낸곳 지식과감성#
출판등록 제2012-000081호

교정 정은지
디자인 정윤솔
편집 이건영, 정윤솔
검수 오현석, 이현
마케팅 고은빛, 정연으

주소 서울시 금천구 벚꽃로298 대룡포스트타워6차 1212호
전화 070-4651-3730~4
팩스 070-4325-7006
이메일 ksbookup@naver.com
홈페이지 www.knsbookup.com

ISBN 979-11-392-0145-1(03810)
값 12,000원

- 이 책의 판권은 지은이와 지식과감성#에 있습니다.
- 이 책 내용의 전부 또는 일부를 재사용하려면 반드시 양측의 서면 동의를 받아야 합니다.
- 잘못된 책은 구입하신 곳에서 바꾸어 드립니다.

지식과감성#
홈페이지 바로가기

가을은 매번 옳다

53글방 제3집

김석태
김흥식
박수경
배정훈
신준호
오영욱
임영희
정남철
조영도
조종길
한소희

살아온 날들을 반추하며
살고 있는 날을 자각하되,
살아낼 날들을 위한 글쓰기가
행복했으면 한다.

프롤로그

　가을이다. 돌아보면 언제나 가을은 옳았다. 씨앗을 뿌리고 피땀으로 가꾼 결실을 거두며 혹독한 겨울나기를 준비하는 가을은 매번 옳다.

　일몰 직전 노을이 화려하듯 온 천지를 단풍으로 물들여놓은 시월이 바닥을 드러내고 있다.
　쓸쓸하다는 핑계로 다시 편지를 쓰고 연인을 만나 사랑을 시도하는 계절이기도 하다. 어디론가 훌쩍 떠나고 싶은 이 맑은 가을에는 그대의 가슴에도 설렘을 동반한 애틋한 사랑 하나 스리슬쩍 깃들기를···.
　알맹이들은 모두 집으로 돌아가고 껍데기들만 널브러져 찬바람에 나부끼는 11월이 저만치서 서성이고 있다.

2021.10.22. 53글방
임영희

목차

프롤로그	4

/ 한소희 /

대략난감	10
낭만적 허위와 소설적 진실	12
슬픈 자장가	14
사랑이 내게로 와서	17
그 사람	19

/ 조종길 /

담금질	22
소낙비와 무지개	30
바람 소리	33
아버지의 종착역	39
느티나무	43

/ 조영도 /

나의 사춘기	47
아내의 가슴	54
어여쁜 그녀	56
아홉 가지 유형의 친구	60

/ 정남철 /

소중한 돌멩이 67
토굴을 찾아서 69
티베트와 네팔 순례기 73

/ 임영희 /

혼수 이불 78
황혼의 고추밭 83
가난한 마음에 주단을 깔고 86
플랫폼의 공포 90
숙희 93

/ 오영욱 /

심장수술 97
유지현의 글 한 편 104
영화 〈어바웃 슈미트〉 111
기억은 지워도,
사랑은 지워지지 않습니다 114

/ 신준호 /

커피 1	118
커피 2	120
커피 3	122
커피 4	125
커피 5	128

/ 배정훈 /

부대찌개	132
한 발 뒤로 물러서서	135
피서	138
어중이 술꾼	141

/ 박수경 /

나는 피고인 2	144
나의 사랑 최예원	148
세 번의 재혼	152
고향	159
링링	163

/ 김흥식 /

새벽에 화장하는 남자　　167
무화과나무　　170
이냐시오 축일　　173
넋두리　　175
이사벨라　　177

/ 김석태 /

전원일기　　181
이젠 내려놓을 때　　185
잔치음식　　189
국민재난지원금　　191

에필로그　　193

한소희

단언하건대 내 생애의
모든 순간은 기적이었다.
위기가 찾아와 도적처럼
내 삶을 훔치려 할 때,
해일처럼 내 모든 것을 쓸어가려 할 때도
어김없이 기적이 나타나 안연히 살 수 있었다.
이번에 수록된 글이 내 신변잡기였다면
앞으로는 끊임없이 기적을 베풀어주시는
그분, 참으로 아름다우신 하나님을 쓰고 싶다.

hjs415@hanmail.net

대략난감

병원에 다녀왔다. 목이 답답하고 목소리 내기가 힘들어서다. 성대결절이 심하단다. 예상했던 일이라 크게 놀라지는 않았다. 너무 목을 혹사시켜서 목이란 놈이 또 반란을 일으킨 모양이다. 처음 비문해자에게 한글을 가르칠 때 한꺼번에 두 학급을 맡았다. 옆 강의실에 방해가 될까 봐 마이크 사용까지 자제했다. 그러면서도 검정고시 학생들 과외까지….

왼쪽 성대의 작은 결절로부터 목과의 전쟁이 시작됐다. 목이 붓고 삑사리가 나는가 하면 그야말로 고음불가 시대가 도래했다.
어쩌겠는가? 나이 든 학생들이 가장 좋아하는 시 암송 시간에도 꼭 필요한 경우가 아니면 목소리 사용을 최소화했다.
발음 좋고 감정 풍부한 학생들을 시키는 등 요령과 스킬(?)을 구사하며 그럭저럭 3년을 버텨왔다.

얼마 전 부부동반 모임이 있었다. 두 달에 한 번 만나는 모임인데 공교롭게도 모임마다 피치 못할 사정이 생겨 네 번이나 빠졌다. 그러니 무려 10개월 만에 참석한 것이다.

고급 음식점에서 우아하게 식사를 끝낸 것까지는 좋았는데 2차로 노래방을 가자고 했다.

거기서 융단폭격을 맞았다.

오랜만에 참석했다는 원성과 곁들여 마이크가 자꾸만 내게 돌아왔다.

무드에 약한 나….

부르기 힘들다는 윤시내의 '열애'부터 임주리의 '립스틱 짙게 바르고', 이어 타이푼의 '토요일 밤'까지 부르고 또 불렀다. 어? 노래가 되네. 반응도 뜨거웠다. 그리고 그 열정의 결과가 마침내 모습을 드러냈다.

이비인후과 의사의 협박인즉 딱히 치료 방법이 없고 수술을 하고서도 가급적 말하지 말고 살란다. 의사소통을 하려면 수화나 필화의 방법을 쓰라면서….

목을 과도하게 사용하면 언제든지 또 재발할 수 있다나?

말로 먹고사는 사람이 말 안 하고 어떻게 살아가나?

인어공주는 목소리 대신 미끈한 다리를 얻었는데 내가 얻은 것은 도대체 무엇일까?

스타 강사(?)가 이렇게 사라져야 하는지 시쳇말로 대략난감이다.

낭만적 허위와 소설적 진실

학창 때, 어느 시인의 시를 보고 단지 그의 시만을 보고 시인을 향한 형언할 수 없는 그리움에 잠을 설쳤던 때가 있었다.

이른바 언어의 카니발리즘에 빠져있었다고나 할까. 나는 아직도 친구 오빠인 그와 교유하고 있다. 그야말로 문학적 Talk about의 상대인 셈이다.

시인은 내 이상형이 아니어서 실물을 만나 본 순간 이성적 호기심은 사라졌지만 그의 영혼의 궤적에서 생성된 깊이 있는 시는 세월이 갈수록 나를 매혹시키고 있다.

시인 박해석이 그 사람이다.

정호승 시인의 둘도 없는 친구로서 경희대 국문과에 문학특기생으로 나란히 들어간 그들은 각자 시집을 낼 때 서로 발문을 써주기로 약속했고, 박해석이 정호승의 첫 시집에 발문을 써준 이래 18년을 기다려 쌍방의 약속이 충실히 이루어졌다.

왜 그토록 긴 시간이 필요했는가?

정호승은 이미 대중적 사랑을 받고 있는 인기 시인이었지만 절차를 밟아 시인이 된다는 사실에 심드렁했던 박해석은 94년 당시로는 최고의 몸값, 아니 시값 2천만 원의 국민문학상에 당당히 당선되기까지는 출판쟁이로서만 살았기 때문이었다.

지금도 일반 대중보다는 시인들 사이에서 더 평가받는 시인이지만···.

어느 해인가 그가 지나가는 말처럼 "시 좀 써보지" 그랬고 "내가 뭘···" 내 대답이었다.

시클롭스키의 '낯설게 하기'라든가, 시어가 '일상어에 가해지는 조직적인 폭력'이라는 이론보다 "인생은 해석"이라는 그의 말이 더 설득력 있어서 나는 대답을 슬쩍 바꿨다.

"내가 만일 시를 쓴다면 그건 사랑시야."

"그대는 사랑 같은 거 못하는 사람이잖아. 거리로만 쓰면 리얼리티가 없어요."

"사랑을 못하는 사람이라고요, 내가? 아마 그 반대일걸. 오빠가 대상이 아닐 뿐이지."

나는 오늘도 사랑을 꿈꾼다.

가능하다면 사랑의 진정성에 대해서 더 깊이 천착하고 싶다. 사랑은 모든 감정의 정점이고 절정이기 때문이다. 그런데 딜레마에 봉착했다.

시가, 더구나 사랑시가 마음먹는다고 다 써지는가. 절절한 연애의 감정 없인 절대 불가능한 작업인데···.

심장을 쿵쿵 울리는 시를 쓰기 위해 불같은 연애를 해야 할지 '낭만적 허위와 소설적 진실' 르네 지라르의 말이 화두처럼 떠오르는 밤이다.

슬픈 자장가

한밤중에 안방 침실을 찾아온 고3짜리 딸, 내 손을 이끌고 제 방 침대로 가더니 제가 잠들 동안만 같이 있어달라고 한다.
"엄마, 자장가 좀 불러줘. 아주 슬픈 걸로…."
슬픈 자장가? 자장가란 마음을 안온하게 해서 잠이 잘 오게 하는 노래가 아닌가. 그런데 슬픈 자장가라니.
영국에서는 무서운 자장가가 곧잘 불린다는 소리를 들은 적이 있다.

나뭇가지 꼭대기에
요람을 걸어두었지
바람이 불면,
바람이 거세게 불면
요람은 떨어지겠지
아기도 떨어지겠지

가사의 내용은 무섭다 못해 끔찍하다. 귀여운 아기를 상대로 왜 그토록 끔찍한 자장가를 부르는지 괴이쩍었었다.
혹시 영국 아이들도 잠자리에서 엄마에게 무서운 옛날이야기를 해달라고 졸랐던 것은 아닐까. 그래서 엄마들은 이야기 삼아 그런 자장가를 불러주었고.

'공부하기가 힘들었던 모양이구나.' 안쓰러웠다.
 어릴 적 자주 불러줬던 멘델스존도, 브람스도 싫다고 해서 결국 '섬집 아이'를 불렀다.
 구슬픈 목소리를 흉내 내어 부르다 보니 괜스레 눈물이 나왔다.
 반복해서 몇 차례 부르자 딸의 숨소리가 고르게 들렸다.

아침 열 시, 등정고시반에서 국어의 품사를 가르치고 있는데 진동으로 설정한 휴대폰의 램프가 깜빡거렸다.
 등교하려던 딸이 구토가 나고 어지러워 병원에 갔더니 백혈구 수치가 높다고 종합병원에 가라면서 소견서를 써주었다고 했다.
 병원을 향해 달리면서 눈앞이 흐려져왔다. 슬픈 자장가를 불러달라던 딸의 축축한 목소리와 잠들기 전까지 내 손을 꼭 잡고 있던 하얗고 가녀린 손가락이 자꾸 눈에 밟혔다.
 급성충수염이란다.
 "하마터면 복막염이 될 뻔했습니다. 이렇게 고름이 고인 걸 보면 많이 아팠을 텐데 왜 이제야 왔는지."
 수술을 집도한 의사의 말이었다.
 마취에서 깨어난 딸이 안개같이 몽롱한 목소리로 말했다.
 "저 별로 아프지 않았는데요. 그런데 맹장수술을 하면 우주여행을 못 간다는 거 사실이에요?"

"네 몸에 칼 안 댔어. 배꼽으로 절제했거든. 어디든지 마음껏 날아가려무나."

딸은 지금 달게 자고 있다. 조금 전 재채기를 하다가 배가 당기고 아프다고 자지러지는 딸에게 슬픈 자장가를 몇 차례 불러 준 것이 효과를 발휘한 모양이다.

나는 감사한다. 하나님께, 딸에게, 소중한 가족들에게, 의사와 간호사에게, 염려해준 지인들에게, 그리고 슬픈 자장가에게….

사랑이 내게로 와서

　인간의 자유의지에 폭행을 가하지 않으시는 하나님, 그분은 내 삶에 어떤 놀라운 장치를 해놓은 것인지….
　그대, 이제 30분 후면 새로운 해가 시작돼. 올해의 빅 이벤트는 그대라는 장치야.
　어느 날 사랑이 내게로 와서 일상의 잠 속에 혼곤히 취해있는 나를 세차게 흔들어 깨웠어.
　잠이 든 동안 잠 속의 시간이 인생의 전부인 줄 알았지.
　그대가 만들어준 또 다른 세상, 사랑과 슬픔이 혼재한 세상을 알지 못했으니까.
　생각하면 사랑과 슬픔은 쌍태와 같아.
　슬픔이 있어 사랑이 빛나고 사랑이 있어 슬픔이 고절한.
　인생에는 도대체 얼마만큼의 변수가 진을 치고 기다리고 있는 것일까?
　변수, 멋지지 않아? 변수가 없이 세워진 계획대로만 살아가는 삶, 그건 이미테이션이야.
　참다운 인생의 묘미가 줄어든 모조품 같은 것 말이지.
　타인의 삶이 아닌 자기의 삶을 사는 사람이 진정 아름다운 사람일 거야.

자기만의 삶을 사는 사람만이 타인의 삶도 인정할 수 있을 테니까.

나는 세상살이를 잘 몰라.

적어도 다른 이에게 폐는 끼치지 않고 살고 싶었지.

하지만, 알게 모르게 나 때문에 상처받은 사람도 있을 거야.

그대가 품고 있는 사람들에게 더욱 그랬을 거라는 생각이.

금년의 마지막 날, 그 사람들에게 용서를 구하고 싶어.

그리고 나도 누군가를 용서해줄 수 있었으면 좋겠어.

그런데 내게는 용서를 구할 사람은 있어도 용서해야 할 사람은 없는 것 같네.

'용서란 제비꽃이 밟은 사람의 발자국에 남기는 향기'라는데 제비꽃처럼 선선한 사람이고 싶은데….

신앙편지를 하루에 100통씩 보낸다는 장애인전도사에게 우푯값을 송금하면서 내 한계를 확인했어.

우리의 송년을 위한 카푸치노 무스 케이크와 샴페인값은 양보해달라고, 나는 여기까지라고….

우리 건배해! 다른 아무것도 말고 '53년 모임터'라는 이름의 그대와 나를 위하여 오직 사랑을 위하여…!

그 사람

"어이~ 한 군 오랜만이요."

국회식당 세미나에서 만난 S 씨. 주위도 아랑곳없이 큰 소리로 부른다.

좌석이 세팅돼 있는데도 굳이 내 옆자리로 오더니

S: 오랜만에 보니 많이 늙었네. 예전엔 밉지 않았는데.
나: 선배님은 하나도 안 변하셨네요. (예나 지금이나 개념 없는 건….)
S: 그렇지? 내가 관리 좀 하거든.
나: 아, 네~ (도대체 뭘 관리했다는 거지?)

다림질 없이 막 상자에서 꺼내 입어 접힌 자국이 민망하게 드러난 새 와이셔츠….

그 속에서 출렁거리는 뱃살.

새까맣게 염색한 머리와 두툼한 손가락에 낀 ROTC 반지….

반지에 박힌 초록색 보석이 너무 아름다워서 슬.프.다.

이런저런 얘기 끝에

S: 국가 연구원에 들어와 같이 활동하는 거 어때? 명칭은 그럴듯하지만 그냥 친목도모 단체….

나: (친목도모는 무슨….)

S: 가끔 산업시찰도 하고…. 좋잖아? 연회비는 내가 대납할게.

나: 고맙지만 사양하겠습니다. 먼저 일어날게요. 보고 싶은 사람이 있어서요.

서둘러 나오는 내 뒤통수에 그가 말한다.

S: 한 군 연애하나. 왜 그리 서둘러?

나: 연애는 아니구요. 제가 짝사랑하는 현역의원 만날 시간이 돼서요. 잘 모르시죠? 경제시의 진상필 의원….

(진상필이 누구냐고? 요즘 내 귓가를 빨라지게 하는 수목 드라마 어셈블리의 주인공, 국민을 위해 울 줄 아는 뜨거운 가슴을 가진 용접공 출신의 단순무식한 꼴통 국회의원…. 이런 날은 그 사람이 더욱 보고파진다.)

조종길

아무리 아름다운 존재들도
이름을 불러주지 않거나
의미를 부여하지 않으면
나와는 아무 관계없는
무의미한 존재에 지나지 않는다.
의미를 부여하는 첫 단계는
이름을 불러주는 일이다.
이름을 불러줌으로써
사물은 비로소 의미를 얻게 되고
의미를 얻게 됨으로써
존재가치를 지니게 된다.

cjkil.1010@hanmail.net

담금질

　길옆 옥수수밭 옥수수 꽃대가 성장을 멈추고 힘없이 흐느적거린다. 하루 이틀 사이에 비가 내리지 않으면 옥수수 수확은 어림도 없을 것 같다.
　오래 전의 일이 되어버렸지만 휴가 때는 항시 시골집으로 피서 겸 가서 밀짚모자를 쓰고 와이프와 논으로 향했다.
　벼 포기 사이에 있는 피 뽑기를 하기 위해서였다.
　시골에 사시면서도 항시 남의 일에만 우선적으로 헌신하시는 아버지는 늘 어머니의 긴 잔소리를 들어야 했다. 내 집일은 뒷전이고 소주 한잔 얻어 마신 아버지는 해가 중천에 뜰 때까지 코를 골아가며 주무시는 태평한 분이시기에 집안이 조용할 날이 없었다.
　이렇기에 우리 논에는 벼 포기보다 피가 우뚝우뚝 솟아있어 남 보기도 흉하여 휴가나 휴일에는 항시 시골집으로 일하러 가는 그런 때가 많았다.
　오랜 가뭄으로 논바닥은 실금이 가도록 말라있었다. 농사용 전기 스위치만 올리면 지하수가 펑펑 솟아오르는데 왜 벼를 목마르게 하는지 그때는 몰랐다.
　와이프가 걸어가며 중얼거린다. "시골 살면서 제때 피 뽑고 비료도 주고 농약방제도 하견 이렇게 보기 흉한 논농사는 안 될 텐데. 논두렁이나 좀 깎던지…."
 게으른 우리 부모님을 욕하는 듯하였다.
 목이 마르다. 물병에 생수를 가지고 가면서 한 고금 마셔 본다. 갈증이 가시는데 '그래, 어디 저 갈라진 논에 심어진 벼 포기처럼 왜 벼를 목마르게 하는지 자기도 목 좀 말라 봐야 말 못하는 벼의 고통을 알지' 싶어 가지고 있는 생수통을 뒤로한 채 말없이 걸었다.
 논에 뽕나무를 키워 누에를 친다고 귀농한 사람들이 집을 짓고 아들과 살고 있다. 가끔 산소 갈 때 지나다 들렀다.
 그늘이 없어 쉬어 가려고 집으로 들어가 할머니를 불러도 기척이 없다.
 밖으로 나와 헛간 속에 있는 의자 위에 앉았다. 해가림 천장만 있고 훤히 틔어있으니 시원한 바람이 사방에서 불어왔다.
 잠시 후 흰색 자가용이 미끄러지듯 들어와 주차를 한다.
 차 문이 열리고 할머니가 보였다. 할머니의 아들인 듯한 남자가 운전석에서 내렸다. 아들이 뒷좌석의 차 문을 열어주는데도 할머니는 내릴 생각이 없어 보였다.
 나는 할머니 쪽으로 걸어가 인사를 했다. 할머니의 힘없는 대답이 겸연쩍게만 느껴진다.
 할머니는 발에 깁스를 하고 계셨다.
 내가 다리 한쪽을 들어드리니 그제야 할머니는 간신히 차 밖으로 한 발을 내디뎠다. 아들이 차 문을 닫아야 하니 빨리 옆으로 가라고 성화를 한다.
　할머니가 땅바닥으로 쓰러지셨다. 보조보행기구를 잡게 해드리고 대문 앞까지 보살펴드렸다.
　아들은 쓰러진 어머니는 챙기지도 않고 집에 들어가 코빼기도 보이지 않는다.
　논 쪽을 향해 집사람을 쳐다보았다. 얼굴 씻는 집사람의 모습이 들어온다.
　수건을 가져다주고 논을 바라보니 물을 위 논에 대는 걸 거들어주고 있다.
　내가 해야 할 일을 좀 그늘에서 쉬라고 남편이라고 배려해주는 모양이다. 미안한 마음에 내려가 같이 호스를 끌어다 거들어준다.
　와이프가 농사에 대한 지식이 없는 나에게 들어 보란 듯이 이야기한다.
　이런 가뭄에 쓰려고 양수기를 설치한 것이 아니냐. 이럴 때 물을 뽑아 올려 갈라진 논에 물을 대면 갈라진 논바닥에서 벼도 갈증이 해소되고 좋은데 왜 그냥 보고만 있는지 궁금해서 나에게 물어보려 했는데 그 이유를 이제야 알겠다고 한다.
　흔히 시골에 논밭이 있어 직접 농사를 지어본 적이 없는 사람들은 이렇게 자기처럼 의구심을 가지고 무조건 양수기로 물을 가득 채워주려고만 한단다. 그러다 보면 벼가 싱싱하게 키만 자라 누렇게 잎이 마르고 여름이 지나면서 비바람에 힘없이 넘어져 수확기에 누런 벼가 쓰러지고 엉켜 수확물이 없는 빈 쭉정이만이 돌아온다는 것을 안다고 한다.

　옆 논에 물을 대고 물을 빼면 자기네들도 물을 대고 빼는 것을 따라서 할 수밖에 없다고 한다.

　논을 말리는 이유는 모든 자연은 담금질이 필요하듯 벼도 담금질을 시키는 거라고 좋은 경험을 나에게 자랑하듯 알려준다. 그래. 우리 선배 농부들의 경험에서 나온 진리려니.

　담금질은 논에 물을 빼주면 벼 뿌리들이 물을 찾아 깊게 내려 박히게 되면서 태풍이 와도 견딜 수 있게 하는 것이라고 했다.

　벼가 목마름을 견디고 스스로 깊게 뿌리를 내리며 살길을 찾을 수 있도록 자립심을 키워주는 우리의 인생사 같은 순리리라.

　할머니 댁에 들러 잠시 쉬었다 가기로 하고 집사람에게 인사를 시켰다.

　다음에라도 혼자 올 때 쉬었다 갈 수 있는 길을 열어주기 위함에서였다.

　할머니와 인사를 하고 여러 가지 이야기를 나누었다. 할머니는 아들이 안타깝다는 듯한 표정으로 논에 심어놓은 뽕밭을 바라보며 담금질 이야기를 하셨다.

　할머니가 젊어서 이곳에서 농사를 지을 때는 벼가 익는 시기를 지켜보며 정확하게 논에 담금질을 해주었는데 자식을 키우는 일은 생각 같지 않았다고 했다.

　논에 물을 대고 빼는 것처럼 아들도 때로는 야단도 치며 바르게 키워야 했는데 귀하게만 키워 버릇이 없다고 했다.

　할머니의 아들 이야기를 들으며 우리 아들을 생각했다.

　나는 아들 하나만을 두고 건설 현장을 밤낮없이 누비고 다니며 직장생활을 천직으로 살았다.

　아이에게 아버지의 손길이 필요한 시기에도 아버지의 노릇을 하지 못하고 삶의 현장이란 핑계로 헉헉 가리며 직장을 방패로 변명의 너울 속에 살았다.

　나는 아이에게 담금질을 해주지 못하고 살아왔다.

　아이에게 아버지의 자리를 채워주지 못했지만, 다행히 아들놈은 반듯하게 잘 자랐다.

　항시 바쁜 나의 일상을 보고 자란 아들놈은 친구들과 어울려 스스로 담금질을 하며 어려운 상황을 대처하는 슬기로움을 배운 것 같다.

　할머니와의 아쉬운 인사를 하고 시골 우리 형제가 나고 자란 고향 집으로 갔다.

　마을 입구에 주차를 하고 동네 한 바퀴를 돌아보았다.

　변하지 않은 낡고 허름한 집들이 수십 년 세월 속에서도 변함이 없지만 모두가 조용하고 서먹하기만 하다.

　우리 집 감나무가 무겁게 무성한 잎만 지닌 채 가지를 늘어뜨리고 무더운 이 여름을 지탱하고 노익장을 과시하는 듯하다.

뒤뜰 장독대를 돌아 조그만 텃밭에 가뭄을 이기지 못한 듯 몇 그루의 옥수수가 꽈배기처럼 배배 꼬여 몸통까지 돌아간다.

터질 듯이 잘 익은 토마토와 통통한 가지를 따서 와이프에게 건넸다.

오이의 오돌오돌한 것을 손으로 털어내고 한입 입안에 넣고 씹으니 쓴맛이 강하다. 오이도 가뭄에 담금질을 했나 보다.

대문을 나서다 다시 보니 이런 우리 집인데, 우리 집이 아니다.

서울에서 내려와 시골생활을 즐기고 있는 젊은 새댁에게 집 관리를 하며 잘 살아달라고 세를 준 집이다. 와이프나 나나 주춤거리며 어리둥절해한다.

잠시 고향에 대한 향수에 이런 착각을 하다니, 와이프와 나 겸연쩍게 웃고 말았다.

그런데 대문은 활짝 열어놓고 어디 갔는지 사람의 인기척이 없다.

어디 시장에라도 갔나? 기다리다 수돗가에서 늘어져있는 고무호스를 끌고 장독대 있는 텃밭으로 끌고 갔다. 길이가 꽤 긴 것을 보면 이 새댁도 텃밭에 물을 자주 주었던 모양이다.

수돗물을 틀고 와이프에게 소리쳐 이야기하고 오이에 물을 흠뻑 주었다.

금방 푸른빛이 감돌았다.

금방 오겠지 하며 새댁을 기다렸는데 소식이 없다. 이웃집 모두가 조용하다. 인기척들이 없는 것을 보니 바쁜 농사일에 모두

모자란 일손을 도우러 나갔나 보다.

한참을 이곳저곳 둘러보는데 아들놈에게서 전화다. 어떻게 지내느냐는 안부전화다. 올해 퇴직 계획은 변함이 없느냐고 물어본다.

칠순 때는 가족여행을 한번 가자고 하는데 괜한 핀잔을 주고 말았다.

이 코로나19의 난리에 무슨 가족 여행이냐고, 한 푼이라도 아껴서 노후에 대비하라고 괜한 큰소리를 쳤다.

옆에서 듣고만 있던 와이프가 한마디 한다.

왜 애들에게 큰소리냐고, 우리 아들 부부 같은 애들이 어디 흔하냐고, 이 혼란스러운 시국에도 아들놈 병원은 괜찮단다. 그리고 이 병원에서 커피점을 운영하는 며느리도 매출에 별 지장이 없기에 정부에서 지원하는 소상공인 지원대상에서 몇 번이나 제외됐다고 불평 아닌 불평을 했단다.

좋은 건지, 매출이 카드로 결제되는 고로 매 분기 매출에 차액이 없기에 정부에서 지원대상이 아니란다.

이런 아들 부부가 와이프는 자랑스럽다고 하니 자식 자랑인지 모르겠지만 아버지 노릇을 와이프 혼자서 감당한 노고 역시 치하해주고 싶다.

영상으로 전화한 손자 손녀 두 놈이 할아버지 보고 싶다고 인사를 한다.

이게 행복인지. 그래 나를 담금질한 것, 그것은 내 자식, 내 와이프였다고 환하게 웃었다. 그래 할아버지도 너희들 토고 싶단다. 그리고 우리 아들 며느리 잘 살아주어서 고맙다….

"여보, 이제 갑시다. 주인집 사람들 멀리 나들이한 모양인데, 우리가 주인 행세했네."

소낙비와 무지개

    한여름 마른하늘에 번쩍 예리한 빛이 한 획을 긋는다. 다시 이리저리 푸른빛이 번득인다. 레이저 쇼를 하는 듯하다. 천둥소리가 요란하게 뒤를 쫓는다. 놀라서 차창 밖으로 눈을 돌리니 어스름히 서있는 나무들이 바짝 몸을 움츠린다.
    작은 풀들도 파르르 몸을 떠는 모습이 어쩜 착각이련지, 새들은 놀란 나머지 땅으로 곤두박질치며 죽는다고도 한다.
    세찬 빗줄기에 가로막혀 비상등 깜빡이를 켜고 차선 구분도 없이 하지 못한 채 당황하며 서행할 뿐이다.
    앞뒤로 달리던 차들도 온데간데없다. 그저 정차하면 뒤차에 추돌당할 것만 같은 불안한 마음뿐이다.
    반시(半時)가 지나서 포악이 끝이 났다. 언제 소란함과 불안이 엄습하였는지 자취도 없다.
    아무 일도 없었던 양, 차들이 속도를 내어 쌩쌩 달린다. 바닥이 젖지 않았다면 요란한 날씨는 완전범죄가 될 뻔했다.
    도로에 느닷없이 나타난 폭주족처럼 화창한 날씨에 엄습한 난데없는 공포였다.
    이렇게 맑은 날의 소낙비는 언제 내릴지 모른다.

갑작스러운 폭군으로 변해 길을 걷다가 만나면 대책이 없다. 피할 곳이 없어 온전히 비 세례를 뒤집어쓰기 일쑤다.

이런 비는 짧고 굵다. 급한 만큼 길게 가지 못하고 금방 지치게 마련이다.

소나기에 놀란 건 약과였다. 저녁뉴스엔 온 들녘이 우박으로 엉망이 되어 속상해하는 농부의 모습을 비춘다.

한창 자라던 농작물이 엉망이다. 고추는 쓰러지고 채소는 구멍이 나있다. 누가 여름날의 우박을 상상이나 했겠는가.

꿈꾸어오던 수확의 기쁨을 앗아간 밭에서 얼마나 실망이 깊을까. 마음의 시큰한 좌절감은 또 얼마나 아플까.

거리의 자동차들을 세워놓고 오가도 못하게 한 소나기는 더러 인생사도 좌우하는 초능력을 발휘한다. 사람을 마구 흔드는 폭도의 기질을 보여준다.

천둥과 번개를 동반한 폭우는 모든 꿈을 깡그리 앗아가기도 하는 것이다.

나의 불혹인 나이 때가 그랬다. 하나를 풀면 다른 하나가 밀려든다. 안간힘을 다해 해결하면 다시 하나가 몰려왔다. '엎친 데 덮친다'는 말처럼 불행한 일은 왜 한꺼번에 몰려오는 것인지….

머피의 법칙을 고스란히 체감하는 시절이었다.

온몸을 흠뻑 적시고서야 그친다. 생명의 끈을 놓고 싶다는 막다른 골목까지 나를 끌고 갔다. 그렇게 발버둥 치면서도 추락해

버린 밑바닥에서조차 붙잡고 있었던 건 희미한 빛을 발하는 희망이었다.

극작가이자 수필가이며, 오늘의 명언을 기억하게 하는 '캐슬린 노리스'는 참을 수 없는 일은 견디는 것이라 했다.

지금 우리 곁에는 가족 간에 사별의 슬픔을 견디고 있는 친구도 있고, 가까이서 어린 손녀들을 돌보아주고 직장일로 바쁜 딸자식을 위해 집안일을 도와주며 희생을 감내하는 친구들도 있다. 사는 모습과 형편이야 각각 다를지라도 우리들은 모두 황혼기를 살아가야 하는 초로에 서있다.

무지개를 바라보고 있노라니 내 마음도 뛴다. 어디선가 행운이 찾아올 것 같은 예감이 든다.

아이는 어른의 아버지라 칭했듯이 무지개를 보고 기뻐하는 아이처럼 자연의 아름다움을 보고 감동받고 순수함을 잃지 않는 어른으로 남을 수 있기를….

바람 소리

    아무 일을 하지 않아도 숨이 턱턱 막힌다. 그렇다고 혼자 있는 집에서 에어컨을 켜자니 밖에서 빨래하며 집 안 청소를 하는 와이프에게 미안한 마음이 들어 선풍기만 온종일 끼고 있다.
    그러나 선풍기는 밖에서 들어오는 더운 바람 탓에 시원한 맛도 없다. 선풍기를 끄고 발코니로 나왔다. 파라솔 그늘에 앉아있으니 그래도 간간이 바람이 지나간다.
    생각 탓일까, 시원하다는 생각이 들었다.
    가만히 눈을 감고 바람의 소리를 듣는다. 바람은 앞집 고추밭을 지나 옆집의 콩밭을 낮게 휘휘 돌아 나오다 주인이 부재한 뒷집 야생초들의 아우성에 그만 놀라 우리 집 연못에서 숨을 고르는 중이다.
    습하지만 바람은 조용히 불고 그 바람에 나뭇잎이 살랑이며 숨을 쉰다.
    울타리에 매달린 머루는 뜨거운 햇살과 바람으로 옹골차게 몸을 만들어간다.
    잠시 명상에 젖어 더위를 이기는 방법으로 시골 고향 풍경을 떠올려 보았다.

며칠간 애를 끓이며 지냈다. 나 혼자라는 생각에 우울한 하루였다. 와이프가 한 달 전부터 목이 부어 침을 삼키지 못한다고 병원을 들락거렸다.

"여보, 나 큰 병원에 가서 검사받으라는데 어떡하지?"

"무슨 소리야. 어떻다고 하는데?"

"몇 년 전부터 턱관절이 약해 음식을 마음 놓고 먹지 못했는데 이런 병인 줄 몰랐지."

"그럼 당장 병원에 입원해 치료받아. 내 차 가지고 포항으로 가 봐. 아들에게 연락해서 성모병원 예약하라고 해. 나는 회사일 때문에 시간이 없으니까."

"알았어. 나 혼자 운전해서 갔다 올 테니 식사 거르지 말고 잘 챙겨 먹어. 냉장고에 반찬하며 다 해놓았으니까."

이 와중에도 그저 신랑 끼니 굶지 말라는 걱정이다.

나는 성의 없는 답변만 한다.

내 차 줄 테니 혼자 운전해 갔다 오라고 성의 없는 소리만 해댄다.

요사이 요양보호사 자격시험을 보겠다며 학원 수강에다 밤늦은 시간까지 책자를 들고 그야말로 늦게 고시공부라도 하듯 노후를 위해서 대비한다고 그 나이에 무리를 했나 보다.

좀처럼 아프다고 병원 신세를 지는 일이 없는 사람이다.

결혼생활 40여 년 동안 없는 살림에 건강함도 재산이라고 늘 자랑하더니만, 괜히 불안하고 초조해진다. 같이 해주지 못함에 마음이 더욱 무겁다.

아들이 있는 포항 성모병원에 예약하여 검사를 받고 이상이 없다 해서 한시름 놓았건만 다시 증세가 악화되었다. 제천에 있는 비뇨기과를 찾아 항생제를 투여 받았다. 통증도 완화되고 식사도 잘하고 별 탈 없으면 며칠 후에 다시 병원에 오라고 했단다.

나는 회사 일에 한참 몰두해 있는데 전화벨이 울린다.

"여보 나 입원하래. 수술받아야 한다네."

힘없는 와이프의 겁먹은 목소리다.

"뭐라고 하는데?"

겁부터 난다. 기어코 수술을 받아야 한다니 어떻게 해야 되나. 앞이 캄캄하다.

"양호한테 연락했어?"

"애들 가족여행으로 제주도 갔는데 뭘 연락해. 안 했어."

이런 시국에 무슨 여행이냐고. 코로나도 한참 극성인데 자식 놈에게 대한 화가 치민다.

저도 가족이 있어 직장 생활하면서 모처럼 휴가일 텐데, 그냥 혼자 정리하고 만다.

"원장님이 바로 입원하래. 자기가 원주 기독병원으로 소견서하고 예약진료를 해줄 테니 시간 지체하지 말고 바로 가라고 하네."

"혼자 갈 수 있어?"

"혼자 어떻게 가. 자기가 데려다만 줘."

"알았어, 양호한테 연락 한번 해보고 기다려. 내 곧 나갈 테니…."
"양호한테 연락하니 서울 큰 병원으로 가라고 하네. 서울대학병원이나 아산병원이나."
"서울은 무슨 서울이야. 누가 옆에 있어야 될 것 아냐, 원주 세브란스기독병원으로 가."
나는 하던 일을 그대로 놔두고 원주 연세세브란스기독병원으로 달렸다.
건강해서 그런지 이제까지 병원 한번 제대로 같이 간 적이 없는 나로서는 묘한 기분이었다.
평일인데도 왜 이리 사람이 많은지 입구에서부터 코로나 방역 조치가 까다롭다.
막 바로 원무과를 거쳐 이비인후과로 직행해서 정밀검사를 받고 4시간을 기다렸는데 의사의 소견은 1주일 정도 경과를 보고 결정하자고 한다.
입원하려면 코로나 검사도 받아야 되고 항생제로 치료가 가능한지 입원해 수술을 할 것인지는 지켜보자고 한다. 당장 입원해서 수술을 받아야 한다고 하더니만 종합병원에서는 대수롭지 않은 모양이다. 다행이라 나는 안도의 한숨을 쉬었다.

제주도로 가족여행을 마치고 돌아오는 아들 내외에게 전화를 하고 분주하게 수선을 떨었던 아내가 그래도 얼굴에 화사한 웃음이 돈다.
　침샘이 막혀 제대로 침을 배출하지 못해 그곳에 바이러스가 침투해서 상처 부분이 곪아 피고름이 잡혔단다. 물도 제대로 마시지 못하는 비뇨기과 질환이라 한다.
　제때 치료받지 못하면 목에 상처를 내어 관을 대고 수술을 해야 하는 그런 위험성이 있다고 한다.
　방치하면 입이 돌아간다고 한다. 그리 흔치 않은 질환이라고 한다.
　염려했던 종양이나 큰 병은 아니라그 하니 얼마나 다행인가?
　CT 촬영 및 피 검사를 하고 아침, 점심식사도 거른 채 옆에서 힘이 돼주지 못한 내가 조금은 한심스러웠다. 하루가 어떻게 지났는지 벌써 석양이 지고 있다.

　미국의 희극배우 찰리 채플린은 인생이란 가까이서 보면 비극이지만 멀리서 보면 코미디라고 했다. 그 말은 사람에게나 일어나는 수많은 대단한 일들도 멀리서 보면 결국 대수롭지 않은 일이라는 뜻으로 해석할 수도 있지 않을까.
　남이 힘든 일을 당하면 평정심을 갖고 충고도 해주고 위로도 해줄 수 있다.
　그러나 자신이 막상 맞닥뜨리면 정신이 혼미해져 한 치 앞도 구분할 수 없게 된다. 평소에는 그리도 똑똑한 치는 다 하다 막상 아내가 병원에 입원해야 된다고 생각하니 어쩔 줄을 모르고 허둥대다니….

"수오재기." 일찍이 정약용 선생은 친히 만물 가운데 지킬 것은 오직 '나'라고 했다. '나'는 그 본성이 드나드는 데 일정함이 없고 잠시 살피지 않으면 어디든 못 가는 데가 없다. 그래서 실과 끈으로 매고 빗장과 자물쇠로 잠가서 나를 굳게 지켜야 한다고 했다.

우리는 자신을 얼마나 믿고 실천하며 살고 있을까.

어쩌면 제일 '나'를 모르는 건 자기 자신이라는 생각이 든다. 사실 나는 어떤 순간이 와도 의연하리라 생각했다. 하지만 이번 일을 겪으며 내가 얼마나 약하고 자만심이 컸는지를 절실하게 깨닫게 되었다. 이제부터라도 '나'를 지키고 다듬는 일에 게을리하지 말아야겠다고 다짐을 해 본다.

바람은 잠잠하다. 이내 구름은 검게 변하더니 후덥지근한 지상을 향해 서늘한 울음을 토해내고 있다.

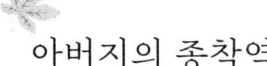

아버지의 종착역

　어머니가 갑자기 돌아가시고 아버지가 혼자 지내시기를 몇 해, 노환으로 몸져누우시자 우리 형제자매들은 요양병원을 물색했다. 지역에서 그래도 힘깨나 쓰는 넷째 동생이 서둘러 수소문해서 의사 선생님과 간호사가 상주한다는 시설 좋은 근방의 요양원을 골라 입원시켜드렸다.
　큰며느리인 집사람은 책임 때문에 일주일 간격으로 뵈러 간다고 하고 남동생들도 다투듯 면회를 다녀왔다고 카톡으로 전하곤 하였다.
　그나마 직장 생활을 하는 나는 모든 것이 여의치 않아 아버지 입원하시고 20여 일쯤 지난 후에야 찾아뵐 수 있었다.
　여섯 개의 철대가 빼곡하게 들어서있는 병실 맨 안쪽 침대에 아버지는 주무시는 듯 누워계셨다.
　"아버지 저 왔어요."
　잠시 눈을 가늘게 뜨는가 싶더니 다시 감아버리신다. 움푹 꺼진 눈두덩, 검버섯 핀 앙상한 얼굴빛과 몰라보게 초췌해진 모습 앞에서 가슴이 무너져 내린다. 주변이 소란스럽다.
　옆 침대에 누운 환자는 알 수 없는 소리를 계속 지껄이고, 요양보호사는 입구 쪽 환자의 기저귀를 갈면서 이러쿵저러쿵 큰 소리로 떠들고 있다.

　문밖 대기실에서 여러 사람이 떠드는 소리까지 고스란히 섞이는 병실은 한시도 머물고 싶지 않게 메마르고 삭막한 분위기다.

　나는 데스크로 달려가 왜 이리 병원 분위기가 소란스럽냐고 항의해본다. 환자분이 오신 지 얼마 되지 않아 그렇다고, 내일 모래면 성향별로 이동하니 조금만 참아달라고 한다. 아울러 조용한 병실로 옮겨가실 거라고 안심하라고 한다.

　어쩌겠는가?

　아버지 계시는 침대 곁으로 돌아와 가만히 아버지의 손을 쥐어 본다.

　아무런 반응이 없다.

　나는 세상에 할 일이 이것밖에 없는 듯 정성을 다해 아버지의 손을 꼭 주물러드린다.

　눈 감고 말문마저 닫은 아버지, 아버지는 양로원이 싫다고 온몸으로 말씀하시는 것이다.

　다섯 자식을 평생을 바쳐 애지중지 끌어안고 건강하게 키워내신 아버지가 이제는 자식들이 자신을 버렸다는 모멸감으로 절망하고 계신 것이다.

　오래전에 이웃에 살던 진안 댁 할머니가 지자체에서 운영하는 양로원으로 떠나셨다는 소식을 접하고 하신 말씀이 생각난다. "불쌍한 사람 죽으러 갔구나!" 혼잣말처럼 하시던 아버지. 양로원이란 의지할 곳이나 갈 곳 없는 사람들의 마지막 종착역이란 고정관념을 갖고 계셨다.

  삼강오륜을 배우고 익히며 부모 공양을 최대의 가치로 여기며 살아온 아버지는 양로원행을 끔찍하게 싫어하신다.

  자식들은 저희 좋을 대로 시대가 바뀌었다 하고 인식도 바뀌어야 한다며 자식들보다 더 잘 보살핀다고 우격다짐으로 양로원행을 부추긴다

  막상 양로원에 누워 계시는 아버지의 양로원에 대한 불신은 더욱 견고해진 것 같다. 양로원에 누워있다는 것은 자식들의 버림을 받은 것, 죽을 일단 남았다는 절망감에 사로잡혀 계신 것이다.

  아버지는 없는 살림에 다섯 자식을 보란 듯이 키우셨지만 자식들 다섯은 아버지 한 분을 모시지 못한다. 평생 사셨던 자신의 집에서 자식들 배웅을 받으며 세상을 하직하고 싶어 하는 아버지의 마지막 남은 자존심을 외면할 수가 없다.

  나는 차마 돌아설 수가 없다.

  "아버지 집에 가요. 제가 아버지 곁에 있을게요."

  그제야 아버지는 눈을 뜨신다.

  "정말이냐?"

  아버지는 기다렸다는 듯 이렇게 되묻는 것 같다.

요양병원에서 다시 집으로 모셔오는 날 굳게 닫혔던 대문을 밀치자 화단에 피어있던 꽃들이 환하게 반긴다.

추위도 아랑곳없이 주인 없는 뜰에서 스스로 핀 수선화 서너 무더기가 바람에 흔들리는 것이 꼭 아버지를 반기는 몸짓 같다.

가슴이 울컥해진다. 아버지의 귀에 대고 속삭이듯 말한다.

"여보 당신 집으로 돌아왔군요. 내가 심어놓은 꽃들이 먼저 알고 반기네요. 살아생전 당신 위해 심어놓았으니 나 없어도 외롭다 말아요. 여기가 이승의 종착역이니 애들 귀찮게 하시지 말고 꽃들의 위안 받다가 조용히 내 곁으로 오시구려."

먼저 가신 어머님의 음성이 아버지의 귓전에서 맴도는 듯하다.

느티나무

　세탁기에서 막 꺼낸 것 같은 새털구름이 하늘 끝에 매달려있는 걸 보니 며칠 잦은 비와 더위에 지친 심신이 한결 개운하다.
　시원한 커피 한 잔에 망중한을 즐기기 딱 좋은 날씨인데 여유가 없다. 이것저것 정리해야 할 일이 많다.
　좁은 공간에서 정리하지 못한 물건들이 눈에 거슬린다. 와이프와 이리저리 치우고 버리고 땀으로 샤워를 해가며 대청소를 끝냈건만 영 산뜻한 느낌이 들지 않는다.
　연식이 오래된 아파트의 아킬레스건이다.
　그러고 보니 아파트에 대한 미련이 떠오른다.
　월세 전세를 전전하다 마련한 25평짜리 빌라에 정착하며 그래도 내 집이구나 하고 얼마나 흐뭇해했던가.
　그러다 다시 32평 아파트로 이사하며 세상을 다 얻은 듯 시골의 부모님과 형제들을 초대해 자랑 아닌 자랑을 했었다.
　오래도 살았다. 한 아파트에서 15년을 살고 있었던 고집은 뭘까? 사실 몇 년 전까지만 해도 집에 대한 회의는 없었다.
　아이들 학교도 가깝고 은행은 물론, 시장 보기까지 수월해 불편함이라고는 모르는 입지였다.

조종길

그렇게 소박하게나마 '즐거운 나의 집' 예찬론자로 살던 내게 부동산 시장의 요동은 뒷목을 잡을 일이었다.

신축 아파트가 불과 몇 달 만에 몇 억 대가 올랐다는 소식은 이제 지방에서조차 심심찮게 들리는 씁쓸한 얘깃거리가 된다.
그에 비해 하루가 다르게 '낡은 아파트'의 꼬리표가 부각되는 우리 집을 보며 슬슬 투정이 나오기 시작했다.
날이 갈수록 고공 행진하는 집값 앞에서 단지 수치상으로만 속이 상한 게 아니다.

정말 열심히 앞만 보고 살았다. 알뜰하게 모아 통장 개수가 늘어날 때마다 우리 부부는 서로를 다독이며 감사를 잊지 않았다.
그렇게 공들여 쌓은 탑이 껑충껑충 뛰어오르는 집값 앞에서 와르르 무너지는 기분에 억울한 마음까지 든다.
시류에 민감하지 못해 그 대열에 합류하지 못한 나의 무능함도 떨칠 수가 없다.
심란한 마음 탓일까. 사다리차를 대동해 신고식을 하는 새 입주민들이 예사로 보이지 않는다. 이를 망연히 바라보다 문득 '이젠 낡아 갈아입고 싶은 옷처럼 투덜대던 이 집이 저들에겐 희망의 시작이겠지.' 하는 생각이 들 때가 있다.
그럴 때면 처음 내 집 마련했을 때의 감흥이 살아나 주책없이 눈물이 그렁거리기도 한다.

그래, 너무 두리번거리지 말고 살자. 여기서 우리 아이들이 한 뼘씩 자라고 가족의 꿈이 영글던 기억들을 꺼내 보자. 이제 우리 부부만이 덩그러니 남은 집이지만 추억과 위로가 함께했던 보금자리였다. 그래서 이 집을 떠나지 못하고 있는지도 모르겠다.

비록 집값은 뒷걸음질 치고 있지만, 나는 오늘도 씩씩하게 마트로 향한다.

오랜만에 온 가족이 둘러앉을 저녁 밥상에서 다주 보는 따뜻한 눈빛은 얼마나 값진 행복인가.

서둘러 장바구니 정리를 끝내고 창가에 앉아있어도 등줄기에 땀이 흥건하다. 잠시 아파트 화단을 내려다본다. 오래된 만큼 그늘이 깊어진 느티나무가 볕을 가려 한낮의 더위를 밀어내고 있다. 든든한 친구처럼….

조영도

학창 시절 철없이 놀던 때가 그리워
홀로 쓸쓸한 바닷가를 찾았다.
비치 하우스에서 하룻밤 묵을 숙소를 잡고
해변의 벤치에서 석양을 등지고 술을 마셨다.
파도가 덮쳐버릴 듯 거세게 일고 있는데
옆자리의 젊은 여자도 혼자 술을 마시고 있다.
나는 가을바다를 앞에 놓고 술을 마시는
여자의 실루엣을 넋이 나간 듯 바라보았다.

youngdo337@daum.net

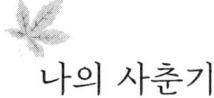

나의 사춘기

고등학교 시절 알게 된 동창 친구 중에 '이철수'라는 이름을 가진 친구가 있다.

혹시 그놈이 읽을지 몰라 아무래도 녀석의 이름은 가명으로 한다.

우리 학교는 기숙사가 있어 원하면 기숙사 생활도 할 수 있다.

그러나 시간 맞춰 생활하는 기숙사 생활이 지겨워 철수하고 나는 기숙사를 나와 자취를 하기로 하고 해수욕장 옆에 자취방을 얻어 자취하기로 했다.

둘이는 통하는 데가 있었나 보다.

냄비, 그릇 등 간단한 취사도구를 사고 쌀도 한 말 샀다.

지금은 자취하기가 거저먹기지만 그때는 반찬을 만들어 파는 곳이 없어 손수 만들어 먹어야 할 때였다.

어머니가 나무로 불 때 밥해줘 먹던 촌놈들이 그래도 도시라고 연탄아궁이에 연탄불 피우려니 연탄가스는 왜 그리 독한지 매일 연탄불 꺼트리기가 일수였다.

지금은 전기밥솥이 있으니 얼마나 좋은가?

연탄불에 올려놓은 밥은 3층이 아니라 4층, 5층 밥에 가깝고 간장에다 달랑 김 한 가지로 식사를 했다.

그래도 식욕이 왕성할 때라 간장에다 버터 넣고 비벼 먹어도 꿀맛이었다.

그 덕에 지금은 울 마님보다 밥은 더 잘한다.

고등학교 2학년 때 일이다.

하루는 친구 놈의 사촌 여동생이 읍내 여고 1학년에 들어왔다고 했다.

그런데 이곳 해수욕장 구경도 할 겸 그곳 친구들과 오빠한테 놀러 온다고 한다.

이곳 읍내에는 농고와 여고와 우리 해양과학고까지 고등학교가 셋이다.

그중에 농고보단 우리 학교가 여고 학생들에게 인기가 조금 더 있었다.

그래도 여고 다니는 동생이 온다기에 돼지우리 같은 방을 부랴부랴 번갯불에 콩 볶듯 쓸고 닦고 야단법석을 떨었다. 얼마나 열심히 했는지 이마에 땀방울이 흘렀다.

그런데 여자들 생활하는 방이 남자들보다 더 지저분하다는 걸 나중에 알았다.

그렇지 않다고 자신 있게 말할 수 있는 여자들 얼마나 될까 모르겠다.

각설하고 친구에게 여동생이 있다는 사실은 아주 신선한 충격이었고 사막에서 오아시스를 발견한 기분과도 흡사했다.
그런데 친구를 보고 있자니 마음이 이상해진다.
"네 사촌 여동생은 예쁘냐? 혹시 여동생 너랑 닮았니?"
"물론이지."
친구 녀석이 오죽 못생겼으면 별명이 바탱이(새우젓 담던 질그릇)라 했을까?
"그렇구나."
"왜?"
대 실망이다.
"야 청소 그만하자. 네 동생 오지 말라 해라. 너 닮았으면 안 본다. 괜한 청소 하느라 땀 뺐네. 해수욕장에 가서 그냥 놀다 가라고 해라."

우리 학교는 해수욕장 바로 근처였고 여고는 시내에 있어 버스로 30~40분 거리에 있었다.
드디어 토요일 오후, 학교 끝마치고 친구 여동생과 여동생 친구 등 몇몇이서 놀러 왔다.
돌연변이도 성겨난다는 세상에 떠도는 속설이 딱 들어맞는 이변이 일어났다.
그 여동생이 친구들보다 정말 훨씬 더 예뻤던 것이다.
나는 태어나서 그렇게 상큼하고 예쁜 소녀를 처음 보았다.
어질어질, 한동안 충격에서 헤어날 수가 없을 지경이었다.

부모님께서는 학교 가서 공부 잘하라고 어렵게 돈 보내주시면 공부는 안 하고 가방만 들고 왔다 갔다 했어도 어김없이 졸업장은 나왔다.

어쨌든 부모님 덕에 한 3년 재미있게 잘 놀았는데 이제 내 살 길 내가 찾아야만 했다.

무얼 어떻게 해야 하는지 은근히 걱정이다.

나는 공부는 못했어도 항해사 면허증은 따가지고 나왔으니 배 좀 타볼까 하는 쪽으로 가닥을 잡았다. 친구 놈과 둘이서 부산 내려가 고려원양회사 원양선 선장 밑에 항해사랍시고 배 타고 동지나해로 고기잡이를 나갔다.

무슨 일이든 적성과 체질이 맞아야 하는데 나는 뱃멀미를 심하게 했다. 몇 개월을 타도 뱃멀미는 여전해서 뱃놈 체질이 아닌가 보다 생각했다.

그렇게 개고생만 하다 다 때려치우고 보따리 싸들고 고향 부모님 집으로 돌아왔다.

집에 와 할일 없이 두 달을 놀다 보니 답답하다.

군대나 가야 하나….

집에 있으니 미래에 대한 고민만 늘어갔다.

학교 다닐 때 놀던 해수욕장 바닷가가 그립다.

남자 친구들과 여자 친구들…. 학교 앞 해수욕장과 백사장이 그리웠다.

학교 때 놀던 놈들은 다 제 살길 찾아 떠났다.

바닷가를 쓸쓸히 혼자 찾았다. 옛날 철없이 놀던 때가 몹시도 그립다.

공주 집에 가기도 시간이 늦었다. 오늘은 해변가 비치 하우스에서 하루 보낼까 해서 숙소를 잡고 해변가 벤치에 자리를 잡고 술을 마셨다.

내 마음을 대변하는지 파도가 구슬픈 듯 한편으론 덮쳐버릴 듯 거세게 치고 있다.

가을 바다라 그런지 사람이 별로 없었다.

술을 마시며 주위를 돌아보니 옆에 있던 한 여자도 혼자 술을 마시고 있다.

원피스를 입고 가을바다를 보며 쓸쓸하게 술을 마시는 여자의 그림에 나는 넋을 잃고 바라본다.

나는 여자를 힐끗 곁눈질하며 '너는 무슨 사연이 있어 여기 왔노' 속으로 말하며 피식 웃는다. 여자는 나의 눈길을 의식했는지 자리에서 일어나려 했다.

"저기 괜찮다면 같이 한잔할래요?"

"아뇨. 사양할게요."

여자는 보기와는 다르게 꽤 도도하다.

하긴 처음 보는 남자가 같이 술 마시자는데 냉큼 "그래요" 하고 같이 마시는 여자가 더 이상하겠다. 나는 포기하지 않았다.

"다른 뜻 없습니다. 이렇게 혼자 마시니 술친구가 필요합니다."

그제야 여자는 잠시 고민을 하더니 다시 자리에 앉는다.

"정○○이에요."

"아, 전 조창민입니다."

왜 여기 혼자 왔느냐고 그녀가 물었다.

"제가 먼저 하고픈 말씀하시네요."

"아니에요. 처음 뵙는 분한테 그런 말 하는 게 아닌데 실례했습니다."

"고마워요."

"아뇨."

낯선 나와 마주 앉아 겸연쩍은지 그녀는 바다를 바라본다.

"바다 좋아하시나 봐요."

그 말에 쓸쓸히 웃는다.

"아주 싫어해요."

"왜요?"

"힘들 때만 찾아와서 그런지, 이젠 바다마저 싫어지네요."

"앞으론 좋아지게 될 겁니다. 절 만났잖아요."

"풋."

"하하하."

그녀는 나를 향해 웃으며 손을 내저었다.

"걱정 마세요. 아까도 말했지만 다른 뜻은 전혀 없습니다."

"네. 좋은 사람 같아 보여요."

"아뇨. 괜찮습니다. 전 지금 기분이 매우 좋아요."

"왜요?"

"지금 이렇게 귀인을 만났으니까요."

"호호. 프로시군요."

"하지만 그건 핑계일 뿐이지, 마음이 변한 것 같아요."

어린놈이 여기 와서 무슨 불순한 의도를 가지고 작업을 하고 싶은 걸까?

신기할 정도로 정신이 말갛다. 예나 지금이나 여자를 보면 좋은가 보다.

나는 이곳에 모르는 여자와 말장난하러 온 게 아닌데….

그러면서 점점 그녀에게 빠져드는 내가 불안했다.

청춘 남녀가 해안가에서 달달한 술기운으로 어떤 밤을 보내게 되는 것일까.

이 여자와 나는 장차 어떤 관계로 발전되어갈지 한 치 앞을 알 수 없는 게 우리 인생사가 아닐까.

아내의 가슴

잠결에 아내의 가슴을 어루만졌습니다.

일상을 살아가기가 힘들었는지 세상모르고 자고 있었습니다.

일정하면서도 느릿한 심장의 고동 소리와 따스한 온기가 손에 들어왔습니다.

이따금 길게 내쉬는 숨소리를 들으며 미천한 나와 함께 긴 세월을 살아온 아내에게 한없이 미안한 마음이 들었습니다.

아내는 이 따듯한 가슴으로 앞으로도 나와 평생을 함께할 것입니다.

나는 아내의 가슴이 내 고향과도 같습니다.

옛날 우유가 없어 모유만 먹이던 시절 아기는 엄마의 젖을 물고는 또 한 손으로는 엄마 젖을 움켜쥐고 있었지요.

엄마를 누구에게도 빼앗기지 않으려는 듯 그렇게 엄마 젖을 움켜쥐고 있었지요.

그리고는 세상에서 가장 행복한 모습으로, 가장 평화로운 모습으로, 엄마의 눈을 응시하였지요.

세월이 흘러 어머니는 멀리 떠나시고 아내의 가슴만 남았습니다.

이제 아내의 가슴은 나의 고향이요, 어머니요, 안식처가 되었습니다.

나는 오늘 밤도 아내의 가슴을 만지고 있습니다.

부드러운 눈길
퍼져가는 설렘
빛 고운 석양도
내 사랑 앞에 서면 무색이었다

습관처럼 찾아보고
꿈길에서도 불러보는 내 고운 사랑아
너의 고운 웃음으로
나도 너의 빛깔로 채색이 되고

별이 총총 반짝일 때
흰 머리카락 마디마다
물결치는 우아함에
모든 시련은 위안이 되었다

사랑아
내 삶의 유일한 이유가 되어
내 눈 속에 살아가고
내 가슴속 깊이 영원히 숨 쉬어다오
사랑아
사랑아 내 고운 사랑아

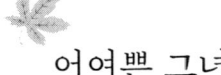

어여쁜 그녀

50여 년 전 군대에서 있었던 이야기다. 그때는 연락할 수 있는 방법은 편지가 유일한 수단이었다.

내무반 생활 때다. 중간 정도의 고참이 지나면 예쁘장하게 생긴 신병이 들어왔다. 그러면 여동생 있느냐, 또는 누나 없느냐는 등 반 협박을 한다.

그땐 펜팔이라는 글 연애가 유행하던 시절이었다.

크리스마스 시즌에는 간단한 선물과 각종 편지가 쇄도했는데 중고생들의 위문편지마저도 위에서부터 골라 빼고 제일 졸병은 초등학교 학생들이 삐뚤빼뚤 쓴 위문편지가 차례로 올 뿐이다.

귀신 잡는 해병대 병장 때였다. 공주 어디 사는 여자를 누구한테 소개를 받아 바야흐로 한참 펜팔이 익어갈 때 일이다.

그때는 그래도 군복을 입으면 한 몸매 하던 시절이었다.

위에서 내려다보면 지금은 배불뚝이라 잘 안 보이지만, 그때는 적나라하게(?) 보일 때였다.

56kg에 허리 27일 때니까 말이다.

우리는 어쩌고저쩌고 편지를 주고받으니 맘이 통했나 보다.

군복 바지에 칼날이 서게 다리고 새카만 얼굴이지만 로션도 바르고, 새미 우커를 기름 치고 약칠해 반질반질 광을 냈다.

해병대 외출 때나 휴가 때 바지엔 스프링 말아 넣고 그 속에 쇠구슬 넣고 차르르 차르르 구슬 구르는 소리를 내면서도 폼 나게 보도를 걸었다.

내복을 입으면 바지주름 질까 봐 팬티스타킹을 어느(?) 부분만 오려 내 그걸 입고 충남 공주 읍내로 나갔다.

지금은 카톡이다, 뭐다 하는 걸로 미리 사진도 오고 가지만 그때는 편지 속에 옵션으로 끼워온 사진을 볼 수 있는 게 유일한 방법이었다.

포항에서 충남 공주까지 그 먼 길을 2박 3일 특별휴가로 나왔다.

그때는 버스도 많지 않고 기차가 유일한 교통수단이었으나 여자를 만날 수 있다는 것만으로도 먼 거리는 문제가 되질 않았다.

예의상 여자를 기다리게 할 수 없어 부대에서 열차 시간을 미리 알아 약속 시간을 정하고 갔다. 그러나 한 시간 정도 미리 도착해 한 시간을 기다리려니 지루하다.

어떤 여자가 지나가면 저 여자인가? 나를 몰라보나? 다가가서 물어볼까? 아니야. 군인 복장을 한 사람은 나밖에 없는데 몰라볼 수 없지.

수많은 상념이 사로잡혔다. 그러나 한 시간 반이 지났지만 야속한 그녀는 나타나질 않는다.

조영도

에헤라. 바람맞았나 보다 하면서도 미련이 남아 10분만 20분만 하다가 거의 40분쯤 지나니 어떤 여자가 내게 다가오고 있었다. 아아 부처님 하나님 신주님 감사합니다.

그동안 애타던 맘은 눈 녹듯 사라졌다.

"ㅇㅇㅇ 씨 맞지요?"

"네. 늦어서 죄송해요. 버스가 안 와서 늦었어요."

"괜찮습니다. 나와주신 것만으로도 감사드립니다."

그때는 시내 외는 비포장도로였다.

버스도 별로 없는 시절이고 연착이나 한 대 띄우는 일은 다반사였다.

그러니 한두 시간 늦는 일은 예사였다.

그런 데다 얼굴도 예쁘지, 몸매도 좋지. 아흐 하나님 부처님 천주님 고맙습니다.

이런 여자를 점지하시다니요. 속으로 연신 신에게 감사하면서 앞으로 어떻게 할까?

뭘 먹을까? 먹은 담에 우짤까? 계획을 좌~ 악 머리에 굴리고 있는데….

참 내 원.

"죄송한데요."

"뭐가요?"

"동생이랑 같이 나왔어요."

"…."

그녀가 저만치 세워둔 동생을 데리고 오는데 국민학교 4학년쯤 되는 놈이다.

사병 봉급 얼마 된다고 빌리고 아껴서 돈 쬐끔 있는데 밥을 먹어도 돈이 더 들고 이놈은 눈치 없이 제 누나 옆에 꼭 붙어 댕겼다.

내가 제 누나 잡아먹기라도 하는 줄 아는지….

지금 같으면 좋은 맛집에 가 맛난 것 시켜 먹고 할 텐데 그땐 모든 것이 다 서툴고 부자연스러웠다.

식당에서 국밥 한 그릇씩 시켜 먹고 터미널 다방에서 쓴 커피 한 잔씩 마시고 헤어져야만 했다. 손 한 번 못 잡아보고 버스 시간이 없어 가야 한다고 그녀가 일어섰다.

다음을 약속하며 아쉬운 미련만 남겨놓은 채 이별을 해야만 했다.

버스터미널어 가보니 울 집 가는 막차는 이미 지난 지 오래고 주머니에 돈도 달랑거려 그날 터미널에서 밤을 새웠다. 그래도 그때는 가을이타 노숙에 별 지장이 없어 다행이었다.

설익어 풋풋한 나의 청춘은 강물처럼 흘러가고 있었다.

아홉 가지 유형의 친구

1

믿고 의논할 수 있는 든든한 선배다.

현대인들에게는 선택의 기회가 너무 많다. 사랑하는 사람을 만나 결혼하고, 직장을 그만둔다든가 옮기려 할 땐 어떻게 했으면 좋을지 망설여질 때는 선배들의 경험담을 참고하는 게 좋다.

즉, 가보지 않은 길에 들어섰을 때 앞서 그 길을 지나친 사람들이 전해주는 충고가 소중하므로 머뭇거리지 말고, 결단력 있게 충고를 해줄 수 있는 든든한 선배를 반드시 알아두어야 한다.

2

무엇을 하자 해도 믿고 따라오는 후배다.

윗사람에게 사랑받기는 쉬워도 아랫사람에게 인정받기란 대단히 어려우므로 싹싹하게 일 잘하고, 가끔 귀여움도 떨면 '내리사랑'이라고 선배들에게 충분히 예쁨 받을 수 있다. 하지만 후배들에게 술 많이 사주고, 소개팅 많이 시켜준다고 될 일이 아니다.

더구나 내가 무엇을 하자 했을 때 "선배가 하는 일이라면" 하고 기꺼이 따라와 주는 좋은 후배를 두는 것은 훌륭한 선배를 두는 것만큼이나 중요하다.

만약 유비에게 관우, 장비가 없었다고 생각해볼 때 젊은 에너지를 계속 공급받기 위해서도 당신을 믿고 따라와 주는 멋진 후배 한 명쯤은 있어야 한다.

3
쓴소리도 마다하지 않는 냉철한 친구다.

친구라고 해서 언제나 당신 편만 들어서는 곤란하다. 좋은 약일수록 입에는 쓴 법이다.

정말 좋은 친구라면 상황을 냉철하게 판단해서 때로는 당신의 생각과 결정에 가차 없는 비판을 해줄 수도 있어야 한다.

이런 잔소리꾼이 친구가 있어야 혹여 당신의 눈에 편견의 껍질이 씌워지더라도 쉽게 벗겨 낼 수 있다. 당시에는 친구의 비판과 잔소리가 듣기 싫고 서운하겠지만 이후에 생각해보면 친구의 한마디가 좋은 약이 되었음을 알 수 있다.

4
나의 변신을 유혹하는 날라리 친구다.

초록은 동색이라고 '끼리끼리' 모이는 것이 친구다. 그러나 매일 같은 분위기의 장소에서 같은 화제로 수다를 떨고, 심지어 패션 감각까지 비슷하다면 이건 좀 재미가 없으며 무언가 색다른 이벤트를 원할 때 튀는 친구가 한 명 있다면 분위기를 확 바꿀

수 있다.

평소 조신한 패션을 즐겨 입는다면 과감한 패션을 좋아하는 친구를 따라 최신 트렌트를 좇아보는 것도 즐거운 경험이 될 것이다.

5

여행하기 좋은 먼 곳에 사는 친구다.

1년에 한 번이라도 낯선 곳에서 바람을 쐴 수 있다면 매일 쫓기는 힘겨운 일상도 견뎌 볼 만하지 않을까?

여행은 분명 삶의 활력소다. 특히 혼자 떠나는 것이 두렵다면 먼 그곳에 사는 친구를 찾아보는 것은 어떨까.

반가운 벗과 밤을 지새우며 도란도란 수다도 떨고, 현지 가이드로서 꼼꼼한 여행안내도 받는다면 일석이조의 여행이 되리라. 선사해줄 수 있는 친구가 당신에게 있나 확인해 보라.

6

에너지를 충전시켜주는 애인이다.

현재 당신 옆에 남자나 또는 여자가 있더라도 다른 이성의 애인을 가져보는 것은 어떨지.

이미 익숙해진 남·여자 친구와는 달리 설렘과 그리움으로 감정을 긴장시키는 애인이 있다면 당신은 한층 젊어지는 느낌을 갖게 될 것이다.

시작은 언제나 묘한 흥분을 가져다준다. 따라서 그 흥분은 지루했던 삶에 에너지를 공급해주기 마련이다.

연애의 시작. 그 아름다운 긴장을 만끽할 수 있는 애인을 만들어 보라. 누군가를 사랑하고 있다는 사실이 자신을 얼마나 생동감 넘치게 하는지 알 수 있을 것이다.

물론 금지된 사랑으로까지 발전한다면 위험하다. 감정의 적절한 조율이 전저 조건이다.

7

언제라도 불러낼 수 있는 술친구다.

흔히 남자들은 쌓인 술병의 숫자와 우정의 깊이는 비례한다고 말한다. 술을 마시기 위한 귀여운 변명쯤이려니 하지만 일면 수긍이 가는 말이기도 하다.

좋은 술자리는 마음을 넉넉하고 편하게 만드는 힘을 가지고 있다.

때로는 당신도 이런 분위기가 그리울 때도 있을 것이다. 감정의 신호가 술 한 잔 원할 때 당신이 부르면 언제라도 달려와 앞자리에서 유쾌하게 술잔을 부딪쳐줄 수 있는 친구가 있다면 얼마나 행복할까.

8

추억을 많이 공유한 오래된 친구다.

오래된 술일수록 향이 깊고 맛도 진하다.

매번 새로운 사람을 만날 때마다 내가 어떤 사람인지, 무엇을 좋아하고 싫어하는지 알리는 일은 덜 익은 술을 마실 때처럼 재미없다.

특히 제대로 맞지 않았을 때의 삐걱거림과 노력은 얼마나 피곤한가.

반면에 단발머리에 주근깨 콕콕 박혀있던 어린 시절부터 지금까지 꾸준히 유지해온 우정이라면 눈빛만 봐도 무엇을 생각하는지 짐작할 수 있다.

말이 없어도 감정을 전달할 수 있는 교감은 오래된 친구 사이에서만 느낄 수 있는 아름다운 미덕이다.

9

연애감정 안 생기는 속 깊은 이성 친구다.

누구라도 한 번쯤은 '남녀 간에 우정이 가능할까?'를 생각해 보았을 것이다.

물론 이 문제는 아직 결론이 나지 않았다. 단지 확실한 것은 남녀의 가치관이 분명 다르다는 점이다. 그래서 사랑하는 연인은 곧잘 이 문제로 싸우곤 한다.

그런데 재미있는 것은 동성이라고 해서 모두 같은 생각을 가진 것은 아니라는 점이다.

　동성이면서도 당신을 이해해주지 않는 친구도 많다. 이럴 때는 오히려 '우정 이상 사랑 이하'의 속 깊은 이성 친구에게 고민을 털어놓는 편이 위안받을 수 있는 방법이다.

　이성으로서가 아닌, 다른 성과의 솔직한 대화는 당신의 가치 성장을 위해 반드시 필요하다.

정남철

창가 너머 개울에 눈이 녹기 시작한다.
산에는 이미 꽃이 피고,
토굴 뜨락에도 봄이 와서 씨앗을 뿌리고
양지바른 곳으로 자리를 옮겨 가며
'참 나'를 되뇌며 너럭바위에서
청춘을 실어 보내고 있을 것이다.
경험하지 못한 전생의
자기 본래 면목을 찾기 위해….

mulgit7470@hanmail.net

소중한 돌멩이

초가을 노고단 산길을 거닐다가, 문득 어디선가 꽃내음이 다가와 걸음을 멈추게 한다.

주변을 응시하여 겨우 발견한 조그마한 한 포기 들꽃 향기임을 직감한다.

발견한 기쁨에 멈추어 이내 앉아 가녀린 꽃을 바라보며, 평소 버릇대로 두런두런 혼잣말로 인사하고 대화하며, 끝내는 묵상에 잠겨 자연의 순박한 시절 인연의 소중함을 떠올려 본다.

들꽃내음은 바람결을 맞는 순간 피어올라 내 콧등을 스치고 지나갔을 뿐인데, 그곳에서 상당 시간 적멸의 행복감을 누린 순간순간이 입가에 미소를 머금게 한다. 초라한 들꽃과 흔적 없는 바람 한 점의 소중함을 상기하니, 자연의 신비스러움에 감사할 뿐이다.

정말 보잘것없는 범상의 것들이 모여 비범한 세계의 조화로운 희열감을 느끼게 한다.

문득 몇 해 전 돌담 쌓은 일이 떠오른다.

평소 내가 주워 모은 크고 작은 돌멩이 하나하나로 집 둘레 돌담을 쌓으면서 백년 천년 지탱하여 돌담 미학이라는 전통적 유산이 될 수도 있다고 생각하니 마음 뿌듯했다.

큰 돌만으로는 아름다운 돌담을 이룰 수 없다.

큰 돌이나 작은 돌멩이만으로 돌담을 장식하면 얼마나 단조로울까.

작은 돌멩이는 큰 돌을 떠받쳐주어야 하고 큰 돌은 작은 돌멩이가 빠지지 않게 균형을 잡아줘야 돌담이 튼튼하고 견고하여 오랜 세월을 유지할 수 있을 것이다.

큰 돌 사이에 낀 작은 돌멩이처럼 여러 형태의 돌들이 어우러져 아름다운 돌담이 쌓아지듯 세상 이치도 별반 차이가 없다.

잘난 것과 못난 것, 멋진 것과 하찮고 볼품없는 것들이 서로 어우러져 이 세상을 만들어가는 이치다.

우리 하나하나는
이 세상 인드라망을 지탱해가는
가치롭고 없어서는 안 될
소중한 그물망들이다.

내 마음속 돌들도 마치 불국사 자하문 곁의 돌담이거나, 경복궁 마당의 박석처럼 삐뚤빼뚤 울퉁불퉁 볼품은 없어도, 자연미가 있는 쓸모 있는 돌멩이인 그물망이고 싶다.

토글을 찾아서

서른두 해 전으로 산길 여행을 떠난다.
그곳 따스한 너럭바위에는 30여 세의 스님이 앉아 계신다.
그의 동생(?)과 함께.
요즈음 깔끔한 매무새 차림의 어디서나 볼 수 있는 흔한 스님이었다면, 이런 글감에 오르내리지도 않았을 것이다.
스산한 늦가을 오후 가부좌를 하시고 초연한 미소를 보내주고 계시었다.
조그마한 체구에 한 군데도 성한 곳 없는 누더기의 모습은 너무나 큰 울림을 주었다. 더군다나 웃기듯 말을 건넨 나에게 시종일관 흐트러짐 없는 말과 행동을 보여주신 모습은, 천연 순진한 속마음에서 우러나오는 수행자의 참모습이었다.
스님의 공안 이야기 삼매경에 시간을 잊고, 그날 산행은 거기서 끝이었다.

이윽고 해는 월령봉 뒤로 뉘엿뉘엿 점점 기운이 약해지기 시작하였는데, 스님께서는 갑자기 앉았던 거적때기를 들고 햇살 기운이 남은 장소로 옮겨가며 좌선을 이어갔다. 햇살 기운이 멎자 스

정남철

님은 추위를 이기려고 한없이 걸으며 행선을 이어갔다. 나는 가지고 간 겉옷을 주섬주섬 챙겨 입고 추위를 이겨 내며 숨죽여 뒤따랐다. 이윽고, 조그마한 서너 평쯤 됨직한 토굴에 다다랐다.

사위는 어듬으로 가리지는 않았지만, 햇살은 산등성이 너머로 숨어버렸다. 아직 겨울도 아니었건만 그곳의 추위는 정말 끔찍했다. 해발 1,500여 m의 늦가을 저녁은 거의 酷寒의 느낌을 주었다.

주변을 살핀 후 작은스님을 자세히 보니, 껴입을 덧옷 하나 없이 이 겨울을 나야 할 형편이었다.

동생은 아직 스님이라는 업에 익숙하지 않아서인지 추위에 너무 나약한 모습이었다.

순간 늘 가지고 다니는 솜을 누빈 등산용 바지가 생각이 났다. 나는 얼른 배낭에서 그 옷을 꺼냈다.

"이거 헌 옷은 아니구요. 제가 딱 한 번 입었던 건데 작은스님 스님께는 맞을 것 같네요. 제게는 조금 커서 드리는 겁니다."

큰스님의 눈빛 속에서 연민의 정을 느꼈다. 동생이 그 순간을 잘 무마하기 위해서 "정말 좋군요. 잘 입겠습니다" 하며 따스한 미소를 지어주었다.

나는 갑자기 눈시울이 후끈해짐을 느꼈다.

아! 이게 무슨….

人生이라는 거, 삶이라는 거, 求道라는 것.

스님들의 그런 모습을 본다는 것은 예의가 아니라는 생각이 스쳤다. 산사의 밤은 예상보다 일찍 온다. 빨리 이곳에서 벗어나지 않으면 어두운 밤길 하산을 각오해야 한다.

돌아오는 길에 겨울용 내의와 작업복이라도 준비해 다음 주에 다시 와야겠다는 다짐을 몇 번이고 한다. 등산바지 드리면서 순간적으로 상처를 받았을 스님의 자존심에 대해서도 몹시 죄스러운 마음을 버리지 못했다. 요즈음 스님들은 신도들의 보시물에 분별심을 낸다. 당연한 도리로 아는 것은 물론이요. 적고 많음에 상당한 차별심을 내는 스님도 있다. 이 겨울을 어떻게 나셨을까? 춥고 배고픈 것에 무슨 형이상학이 필요하단 말인가?

존재의 근원을 알기 전에 최소한의 생활 조건은 이루어야 할 텐데….

창가 너머 개울에 눈이 녹기 시작한다. 산에는 이미 꽃이 피고, 토굴 뜨락에도 봄이 와서 씨앗을 뿌리고 양지바른 곳으로 자리를 옮겨 가며 '참 나'를 되뇌며 너럭바위어서 청춘을 실어 보내고 있을 것이다.

경험하지 못한 전생의 자기 본래 면목을 찾기 위해….

아련한 그리움이
꽃잎 되어 나를 일깨운다.
망망하게
뒤척이던 세월이
하나둘 다가선다.

이제야
적막에 길들이는 나날.

안 보이던
내가 보이고,
네가 보이고,
마음까지도 가릴 수 있는
무상이 나부낀다.

아아
그대는 내가 되어라
나는 그대가 되리.

지금은 노스님 되시어 큰 절로 하산하셨다고 들었다.
요즈음은 주인 없는 토굴 앞뜰에서 하룻밤 '달빛 보기와 별 바라기' 하러 떠나곤 한다.

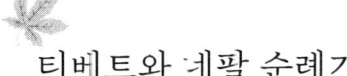

티베트와 네팔 순례기

    진실한 불자인 친구와 둘이서 지난 9월 27일 출국해 50여 일 고행자의 수행 삼아 순례 마치고 네팔 수도인 카트만두에 안착했다.

    티베트 수미산 불교 성지순례를 위해 칭짱열차로 티베트 수도인 라싸에 도착하여 20일간 포탈라궁과 조캉 사원, 당숭의 남초호수, 시가체의 백거사, 마나사로바 호수를 거쳐 다르첸 수미산의 해발 5,76Cm 될마라 고개를 넘는 52km 수미산 카일리쉬 일주를 마쳤다.

    인도 북부 라다크 가까이 거의 한국인의 발길이 닿지 않은 짜다현의 구게왕국까지 2,400km 대장정 내내 해발 5,000m의 척박한 환경 속에서도 영혼의 눈을 지닌 채 안분지족하며 살아가는 티베트인들의 성스러움을 몸소 체득했다.

    또 1개월은, 지금껏 한국인이 겨우 10명단 지나갔다는 티베트 지릉이라는 국경 마을을 어렵게 통과한 후, 지프차로 40분 이동하여 해발 1,600m인 네팔 샤브루베시로 넘어와, 아름답기로 유명한 랑탕 계곡 트래킹의 장도에 올랐다.

세계 제일의 트래킹 경관을 자랑하는 랑탕 강진 곰파 트래킹과 최고봉인 해발 4,984m인 체르코리를 9시간의 사투로 완등하고, 랑시샤카르카의 긴 협곡을 석양 녘에 빠져나왔다.

7일간의 고소 적응의 난관을 감내한 후 하산 길 내내, 신의 눈을 간직한 채 오직 태고의 신비함을 성자처럼 받들며 자자손손 원시적 삶 방식대로 살아가는 네팔인의 순결함을 배웠다.

1,600m인 샤브루베시로 내려와 새로운 코사인쿤드, 할렘부를 향해 신 곰파와 해발 4,380m 천상의 호수가 있는 코사인쿤드를 넘어, 6일 동안 할렘부의 아름다운 산촌 풍광을 느꼈다.

카트만두로 다시 나와 3일간 신변을 정리한 후, 마지막으로 5,364m인 에베레스트 베이스캠프와 5,540m인 칼라파트라를 다녀오고 소위, 투 라(5,535m 콩마라 패스, 5,420m 촐라 패스)에 도전하여 간신히 크레바스를 지나 칼날 얼음 빙판 경사면을 40분 정도 살얼음 걷듯 성공했다. 그리고는 4,800m인 호수의 마을 고쿄리에 도착해 1박 후 휴식을 가졌다.

마지막으로, 루드라발 경비행기 예약표도 취소하고 초오유 베이스캠프 입구 고쿄리에서 출발하여 아침 6시부터 3일 동안 매일 고도차 1,500m 높이를 오르내리며 10시간씩 120km를 걸어 내려오는 고난의 대행군을 마칠 수 있었다.

이는 오로지 친구와 셰르파 3명이서 이룬 극적 반전의 의기투합 덕택이다.

5,000m의 희박한 산소 속에서 잠 못 이루는 7일간을 견디며, 4,000m급 높이에서 1달 이상 생활도 잘 이겨 냈다.
그 결과 몸과 마음이 너무 맑아졌음을 실감한다.

83세 일본인 할아버지의 5,000m 딩보체 뒷산인 낭가카르카 봉우리를 등정하는 강인함과 78세 독일인과 76세 미국인의 여유로운 4,000m 이상 산길 즐기기와 4,500m의 마을에서 홀로 매년 자원 의료 봉사한다는 76세의 스위스 치과의사의 지고지순한 삶의 가치를 실현함에서 성자스러운 숭고함을 배웠다.

이렇게 장광설을 펼친 이유는 천천히 걸으면 누구나 가능한 여행으로 최소한 2개월 동안 여행 삼은 새로운 몸만들기 트래킹을 통해 심신의 건강한 노후대책의 지름길이라 믿기 때문이다.

한국인들은 너무 쉽게 늙은이로 주저앉는다.
나이는 숫자에 불과하다.
도전하는 사람에게 반드시 새로운 신세계가 열릴 것이다.
반드시 영혼의 맑음을 느낄 것이다.
반드시 새로운 몸신으로 재탄생할 것이다.

임영희

어릴 때 종중 산지기가 살던
외딴집 마당 가에 탱자나무 한그루가 있었다.
근방에서는 유일한 탱자나무였으며
억센 가시가 돋은 신기한 것이기도 했다.
추석 성묘를 가면 한두 개씩 따서
독특한 향기를 즐겼던 탱자가
내 집 울타리에서 익어가고 있다.

im02@hanmail.net

혼수 이불

　지금은 입는 것도 덮는 것도 계절 따라 다양한 기능을 가진 상품들이 쏟아져 나온다.
　가격도 천차만별이라 기호에 맞는 제품을 선택하면 된다.
　유행의 첨단을 걷는 이런 시대에도 나는 묵직한 목화솜을 넣은 이불을 끌고 이사를 다녔다.
　할머니께서 마른 목화 나뭇가지를 들고 하나하나 새털구름 같은 하얀 송이를 떼어내시던 모습이 선하다.
　내가 결혼할 날을 앞두고 어머니는 마을에서 덕망 있는 아주머니 몇 분을 모시고 이불을 만드셨다.
　속설이지만 그래야 그분들처럼 순탄한 결혼 생활을 할 수 있다는 믿음 때문에 아무에게나 맡길 수 없었던 것이다.
　친정어머니라면 누구나 혼인을 앞둔 딸의 앞날이 조심스럽지 않았겠는가.

　어머니는 아들만 넷을 낳고 나를 낳으셨다.
　삼 형제의 할아버지들이 첫 손녀로 태어난 나를 서로 안아 보겠다고 다투셨다는 어머니의 전언이다.

이런 나는 오랫동안 양념 딸이란 애칭으로 불리는 영광(?)을 누리기도 했다.

내 위로 태어난 오빠 넷 중 중간의 형제가 홍역을 앓다 죽었다고 했다.

어머니 말씀에 의하면 네 살짜리 오빠를 묻고 오니 두 살짜리가 다시 펄펄 끓는 고열에 시달리다 그다음 날 숨을 거두었다고 했다.

밥을 푸다가도 아궁이에 불을 때다가도 불현듯 참을 수 없는 그리움 때문에 미친년처럼 묻힌 곳으로 달려가 울부짖으니 아버지는 이러다가 사람 버리겠다고 외가로 모시고 갔다.

외할머니의 보살핌으로 마음을 추스르고 다시 돌아오신 어머니는 새게 드 종종 그 얘기를 들려주셨다.

"생때 같은 자식을 하루건너 둘이나 갖다 묻고도 살았으니 내가 독한 년이지."

어머니는 독백처럼 그 말씀을 하고 또 하셨으나 죽은 자식 불알 만지기다.

그렇게 얼굴도 모르는 두 오빠가 떠나고 내 밑으로 남동생 둘이 다시 태어나 가운데 홍일점으로 자리보전을 했다.

양념 딸이란 호칭이 무색지 않게 견고했던 것이다.

내 위 오빠와는 네 살 차이다.

오빠가 팔을 베어 붕대를 감고도 나를 업고 길을 나섰다.

어린 나이의 오빠도 힘들었는지 조금만 걷자고 내려놓으면 한 발자국도 내딛지 않고 그 자리에 그대로 서있더라고 어머니가 말씀하셨다.

나는 기억에 없는 이야기였다.

"나도 팔 아퍼 죽겠어 이년아."

작은오빠가 이렇게 힐난조로 말하는 걸 들으신 어머니도 곧잘 오빠의 말투를 흉내 내며 웃으셨다.

홍역 때 열사흘 동안 그 귀하디귀한 사과만 먹으며 목숨을 이어갔다는 일화는 두고두고 마을에 회자되었다.

어머니는 예닐곱 살의 나를 어머니 무릎을 베고 눕게 하셨다. 그리고는 머리에 이를 잡는다고 툭하면 그 자세를 요구하셨다.

밖에 나가서 동무들과 뛰놀고 싶어 안달 난 나를 붙잡아놓고 이런저런 얘기를 하셨다.

내 눈 밝을 때 이런 거라도 해줄 수 있다는 둥, 열아홉 살만 되면 시집을 보내겠다는 말씀을 하셨다.

내 귀에 들어올 리가 만무한 먼 얘기들뿐이었다.

서른하나에 나를 낳으셨으니 나이 차이가 있어 그런지도 모른다.

그 후 정말로 옷감 장수가 마을에 들어오자 어머니는 이불감을 끊어 장롱 속 깊이 넣어놓으셨다.

늘 "내 손끝으로 이불 한 채라도 제대로 해줘야지"라는 말씀을 입버릇처럼 하셨던 어머니다.

지금 기억으로 그 천이 '다후다'라고 하셨던가? 가물가물하다.

암튼 나는 어머니 소원대로 목화솜을 넣은 이불을 혼수로 장만할 수 있었다.

20 중반에 4살 연상의 경상도 안동 産 남자에게 시집을 왔다.
답십리 남의 간건방살이 때 혼수로 따라온 솜이불은 겨울 시린 밤을 충분히 따뜻하게 해주었다. 달콤한 신혼인데도 사소한 일로 티격태격하다가 나중에는 유치한 싸움으로 번졌다.
내가 해온 이불이니 덮지 말라고, TV도 보지 말라 했다. 남편은 제집에서 보내준 쌀이니 밥을 먹지 말라고 했다.
소유권을 다투다가 긴 겨울밤을 밝히기도 했다.
지금 생각하면 코미디를 보는 것 같아 웃음이 난다.
애들이 태어나서 요에 오줌도 싸 속싸개가 얼룩이 졌다. 어머니 살아계실 때 솜틀집을 수소문해서 솜을 타 다시 수선하니 가볍고 따뜻하다.
그 후 아파트 생활을 하면서 처박아뒀는데 주변에서 경로당에 주면 잘 쓰일 거라고 꼬드겼다.
그러나 나는 돌아가신 어머니가 해주신 거라 마음이 움직이지 않아 그냥 간직했고 10여 년 전 단독으로 이사를 했다. 옛날 집이라 난방을 위해 보일러를 많이 틀어도 외풍이 세고 춥다.
그런데 혼수로 가져온 구닥다리 목화솜이불은 얼마나 보온이 뛰어난지 물 샐 틈 없이 찬 공기를 완벽하게 차단했다.
하루의 삶에 시달려 노곤한 몸을 이불속에 묻으면 달콤한 숙면에 빠져들었다.

임영희

은연중 든든한 목화솜 이불을 믿고 난방에 취약한 이곳으로 이사할 용기가 났던 것일까.

 어머니가 정성으로 해주신 걸 버릴 수 없어 끌고 다녔더니 이런 효자가 따로 없다.

황혼의 고추밭

 귀농한 초로의 남자 동기가 벌써 끝물 고추밭을 개방한다고, 붉은 고추는 제 것이라고 손대지 말라는 공지가 떴다. 옳다구나 웬 횡재냐고 냉큼 손을 들었다.

 고춧잎 무침이나 애고추 찜을 좋아하는 나는 친구들을 규합해서 연천으로 향했다. 티끌 한 점 없이 맑은 하늘은 한 폭의 그림이었다.
 늙으면 양기가 입으로 올라온다고 했던가? 나이도 잊은 채 단발머리 소녀시대로 돌아가 차 안이 떠나가도록 유쾌한 수다는 끝을 모르고 이어졌다.

 나이 지긋한 밭주인 사내가 시범을 보이겠다고 집중과 주목을 요구한다.
 "지지대에 묶여 뒤엉킨 고춧대를 사정없이 쫙쫙 찢어 벌려라. 그 속에 너희가 원하는 연한 잎과 고추가 숨어있다."
 육군대령으로 예편한 이 친구는 교관처럼 딱 버티고 서서 진지한 어조로 일장 브리핑을 토해냈다. 도대체 우리가 애고추 좋아하는 걸 어떻게 알았을까? 다섯 명의 늙은 소녀들은 참았던 웃음보가 터지고 말았다.

"낄낄낄 하하하 호호호."

그게 과부가 된 여자 친구 앞에서 거친 삽질로 입에 퍼 담을 만큼 가당키나 한 소리냐고 늙은 소녀들은 키득거렸다.

이제 한물간 늙은 소녀들은 바싹 약 오른 매운 고추가 허벌나게 겁나고 부담스럽다. 하여 야들야들한 어린 고추나 잎을 자루가 미어지게 훑어 담으며 고추밭을 거뜬히 거덜 낼 기세다.

욕심껏 거두어온 고춧잎 자루를 쏟아놓고 다듬는다. 연한 고추순만 잘라서 넌출거리는 게 부드럽다. 얼른 고춧잎 무침이 당긴다.

이 여사님께 전화를 했다.

"퇴근길에 고춧잎 무쳐 막걸리 한잔하십시다."

"알았어."

냄비에 물을 끓여 고춧잎을 데치고 쌀에 찰보리쌀을 섞어 밥도 안쳤다.

파 마늘을 다지고 썰어 쌈장과 고추장을 넣는다. 마지막 순서로 깨소금과 참기름을 넣어 고루 무치고 한 젓가락 입에 넣으니 꿀맛이다.

마당 탁자에 세팅을 한다.

쌈장에 고추 몇 개 씻어 놓고 고춧잎 무침을 푸짐하게 접시에 올렸다. 큰 대접에 고슬하게 지은 밥도 담고 동동주 잔도 두 개 준비했다.

이 여사와 나는 허겁지겁 마파람에 게 눈 감추듯 후딱 접시를 비웠다.

"고춧잎 맛있네. 이게 여자에게 좋대요."

"또 따러 갈까? 풋고추도 주렁주렁 달린 걸 곧 고춧대를 뽑는다니 아까워라."

우린 의기투합해서 고춧잎 예찬론자가 되어있었다.

한 줌만 달라는 걸 한 자루 들려 보내면서 기름값 만 원만 내라고 했다.

그날 밤 잠자리에 들어서도 드넓은 고추밭에 주렁주렁 매달린 고추와 연한 고춧잎이 아른거려 쉽게 잠을 이룰 수가 없었다.

다음 날 배가 부글부글 끓다가 사르르 아프다. 아무래도 고춧잎을 너무 욱여넣어서 배 속이 전쟁을 일으킨 듯했다.

"여보세요. 괜찮아요? 나는 배가 살살 아픈데…."

"말두 마. 화장실 들락대느라 잠도 못 자고 죽을 지경이라오."

이런 변이 있나. 과유불급(過猶不及)이라더니 너무 욕심이 과해서 탈이 났나 보다.

누가 먼저랄 것도 없이 고추밭에 다시 가자고 한 약속은 봄눈 녹듯 사라져 입에 올리는 사람이 없었다.

가난한 마음에 주단을 깔고

수년 전, 작은 마당 한가운데다 백합나무 묘목 한 그루를 식재했다.

그냥 심어놓고 의붓자식처럼 방치했을 뿐인데, 병충해도 없이 어찌나 잘 자라는지 머리가 하늘에 닿을 듯하다.

사계가 뚜렷한 백합나무는
연둣빛 새싹을 낳고
꽃도 피워 올리고
무성한 그늘을 만들고
새가 둥지 틀 공간도 제공하고

가을이면 곱게 물들인 황금지폐를 마당 가득 수북하게 깔아놓아 나를 즐겁게 한다. 마치 주단을 밟는 기분이다.

왜 낙엽을 안 쓸어내는지 묻는 이가 있다. 그럴 때마다 내 답은 간단명료하다.

"어디서 더 퍼다 붓고 싶어…."

한 해 한 해 나이테를 두르며, 나는 저 백합나무와 함께 다정하게 늙어 가리라.

내가 술을 잘한다고 알려졌으나 사실은 소주 반병이 주량이다. 그냥 술잔을 앞에 놓고 홀짝거리며 소통이 잘되는, 소위 코드가 맞는 사람과의 대화를 즐기는 것이다.

술이란 묘한 마력을 지녔다. 사람을 솔직하고 대담하게 만들어 허심탄회한 대화를 유도하는 것이다.

정상적인 대부분의 사람이라면 자신의 치부를 결코 드러내려 하지 않는다. 따라서 장점만 부각시키고 싶어 하는 것이다.

나는 진솔한 대화가 좋아서 술친구가 그리운 것이다. 술친구 사이에는 어떤 손익계산을 하지 않고도 균형을 잡아가는 관계가 형성되는 것이다.

술값은 형편이 좋은 쪽에서 (매번은 아니더라도) 아까운 생각이 들지 않는다면 부담해도 좋다는 나의 지론이다.

이런저런 가슴속을 터놓고 술 한 잔 나눌 수 있는 친구가 좋다. 그런 분위기를 만들어주는 조용하고 소박한 술자리가 좋은 것이다.

어느 덧 세월이 흘러 이젠 고희라는 장벽이 눈앞에 딱 버티고 있다. 저 굳은 장벽을 씩씩하게 뚫고 나갈 수 있으면 장수를 누릴 확률도 높아지겠다.

어쩌다 사진도 찍고 싶지 않은 나이가 되었을까. 찍고 난 후 사진을 보면 '나는 노인이다'를 확인하는 일이 썩 유쾌하지 않다. 뭔가 쓸쓸한 기분이 드는 것이다.

이번 시집 프로필 사진 때문에 앨범을 뒤적이며 부산을 떨어

봤지만 적당한 게 없어 실망이다. 폰으로 찍은 괜찮다 싶은 사진을 보내면 흔들렸다고 다시 보내란다.

    출판사를 선택하는 일도 머리 아프다. 이곳저곳 원고를 넣어 보고 제안서를 받는다. 가장 합리적인 조건이라고 골랐어도 막상 계약서를 보면 제안서와 계약서 사이에서 갈등이 생긴다.
    일단 제안서의 서식은 어투가 부드럽다. 좋은 조건을 제시하며 달콤한 손짓을 한다. 여기다 싶어 계약서에 사인을 하려고 보면 딱딱한 문구에 멈칫한다.
    호칭은 내가 갑이라면서 불편한 일이 발생할 시엔 갑의 책임으로 돌린다는 조항이 대부분이다.
    그래도 이 따뜻(?)한 폭염 속에서 더 매달려 봐야 뾰족한 수도 없을 테니 처음 마음 갔던 곳으로 사인을 했다.

    오랜만에 연락이 닿은 글벗을 만났다.
    우리는 시원한 물가를 찾아 붕어매운탕에 소주를 각 1병씩 했다. 이런저런 담소를 나누면서 마시니 취기도 오르지 않고 달달하다.
    분위기 좋은 찻집에 들러 얼음 동동 띄운 냉커피도 마시면서 그간 쌓였던 회포도 풀었다. 벗이란 이렇게 서로를 배려하며 같은 눈높이에서 마주 볼 수 있어야 한다.

1
다 부질없는 생각이오만
생(生)이 또 한 번 주어진다면
이곳 수목원 하늘 밑
풍광(風光) 좋은 곳에 터(據)를 잡겠소
순박한 촌부(村夫)의 아낙이 되어
밭 갈아 씨 뿌리며 길쌈을 하겠소
해지면 호롱불 심지 돋우고
조촐한 식탁에 마주 앉아서
강냉이로 빚어 익힌 술 한 잔 나누면
겨우살이 걱정이 태산이어도 좋소

2
다 부질없는 생각이오만
생이 다시 한번 주어진다면
부귀와 영화는 몰라도 좋소
지아비를 위하여
지어미를 위하여
기꺼이 필부필부(匹夫匹婦)가 된다면
숲과 하늘과 바람 소리뿐
이 울타리 밖 세상살이는
내사 몰라도 좋소
– 임영희, 〈마당 깊은 집〉

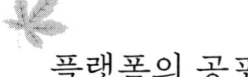
플랫폼의 공포

플랫폼에서 전철이 들어오길 기다리고 있는데 갑자기 왁자지껄하다.

웬 남자가 쩌렁쩌렁 플랫폼이 들썩이도록 굉음을 지르며 가까이 다가오고 있었다.

사람들의 시선이 일제히 그쪽으로 쏠렸다.

나도 고개를 쑥 빼고 괴성의 출처를 쫓다가 형형하게 빛을 발하는 그 두 눈과 딱 부딪혔다.

그 남자의 눈에서 불빛이 번쩍했다.

그 남자는 먹잇감을 찾은 맹수처럼 내게로 돌진해 왔다.

내 옆으로 젊은 남녀 학생들이 몇 명 있었는데 유독 나를 타깃으로 다가오는 그 남자에게 나는 출처도 모르는 공포감으로 휩싸였다.

나는 자꾸 뒷걸음질을 치고 남자는 코앞으로 다가온다.

여전히 알 수 없는 괴성을 질러대는 남자를 사이에 두고 휴대폰을 들여다보는 학생 등 뒤로 다급하게 몸을 피하면서 애원하듯 나직한 음성으로 부탁을 했다.

"신고 좀 해주세요."

그 짧은 공포의 순간 불안감이 엄습한다.
이대로 맞아 죽는 건 아닐까?
내가 언제 어디서 저 젊은 남자한테 원한을 샀던 적이 있을까?
주마등처럼 스쳐가는 많은 생각들….
그대였다. 어릴 때 동화책에서 본 동아줄이 내 앞으로 스르르 내려왔다.
전철이 미끄러지듯 들어와 어서 타라는 듯 문이 활짝 열렸던 것이다.
나는 재빨리 쥐어 들어가 앞 칸으로 앞 칸으로 건너갔다. 정신없이 몇 칸 건너 겨우 숨을 고른 후 자리에 앉았다. 그런데 다시 옆 칸에서 소란스러운 기운이 돌았다.
잠시 후, 이 남자가 또 중얼거리면서 내가 앉아있는 칸으로 건너오더니 내 맞은편 여자 앞에 섰다.
나는 바짝 긴장한다.
그 남자의 동태를 살피는데 어눌한 발음이 고막을 관통했다.
"타비가 읎다. 타비가 읎다."
옳아. 차비를 구걸하는 남자였구나. 두근두근 놀랐던 가슴이 안정이 되면서 슬그머니 부아가 치밀었다.
드디어 그 남자가 내 앞에 섰다. 이제 그는 공포의 대상에서 공포의 도가니로 몰아넣었던 과거형의 상대일 뿐이다.
그가 - 예의 그 서툰 발음으로 차비가 없다고 좀 달라는 부탁을 한다.

"타비가 읎다."

"나도 읎다."

그의 말이 떨어지기도 전에 반사적으로 짜증 섞인 대답이 탁구공처럼 튀어 나갔다.

내게 지니고 있는 현금이 없기도 했지만 놀란 마음이 여유를 찾기에는 시간이 필요했던 것이다.

그 남자 입장에서는 다 젊은 애들인데 웬 할머니가 있으니, 차비 좀 달라면 주겠거니 반가운 마음에 내게로 와 부탁을 하려 했는지도 모른다. 그런 걸 말귀를 못 알아듣고 지레 겁을 먹어 혼비백산(魂飛魄散)한 자신이 부끄러웠다.

그날 공포에 떨던 순간을 떠올리면 지금도 끔찍하다. 내가 좀 더 어른스럽게 행동을 했어야 했는데 말이다.

단돈 만 원짜리 한 장이라도 지니고 다녔더라면 좋았을 텐데⋯.

카드로 사는 세상이니 현금이 똑 떨어져도 지갑을 채워 넣는 일에 안일하고 소홀했다. 차비가 필요하다고 다가온 그에게 의연하게 대처했더라면 하는 아쉽고 복잡한 마음이다.

숙희

숙희는 친구처럼 지내는 사촌 동생이다.

시원시원한 성격에 열려있는 사고를 지닌 숙희는 나눌 줄도 알고 경우도 반듯한 사람이다.

20대 후반에 둘째아이를 낳고 산후풍으로 한쪽 무릎을 제대로 쓸 수가 없었다.

연년생으로 태어난 두 아이를 건사하기가 쉽지 않았다. 쪼그려 앉아 기저귀를 빨아야 했고 화장실도 좌식이었으니 생활하기가 여간 고통스러운 게 아니었다.

무릎이 부어서 굽힐 수가 없었던 것이다.

결혼하고 잠깐 인천에서 숙희와 이웃으로 살 때가 있었다.

숙희는 가끔 들러서 교복 차림으로 수돗가에 쪼그리고 앉아 잔뜩 쌓아놓은 아이의 기저귀를 빨아주곤 했다.

여고생으로 한창 예민할 시기에 사촌 언니 아이의 똥 기저귀를 빨다니 어디 그게 쉬운 일인가?

숙희가 인천을 떠나면서 헤어졌는데 서로 사는 게 바빠 연락도 없이 훌쩍 세월만 흘렀다.

속절없이 나이를 먹고 머리가 희끗희끗 서리를 맞은 후에야 자식들 결혼으로 인해 다시 만나기 시작했다.

숙희와는 소통이 잘되었다. 소위 코드가 맞는다고 할까?

내가 언니 노릇을 잘해야 하는데 오히려 신세를 지고 산다.

"언니 우리 집에서 하루 주무세요."

극구 청하는 바람에 신탄의 숙희네 집으로 향했다.

제법 넓은 평수의 고급 아파트에 집기들도 묵직한 위용을 자랑한다. 나는 잘사는 집의 잘 정돈된 집 안에 들어서면 주눅이 들고 불편하다.

소시민으로 평생을 살아온 나는, 먹고 입고 사는 주거가 작고 소박한 게 마음 편해서 좋다.

남매를 다 키워 짝지어 내보내고 남편과 단둘이 사는 숙희는 내 기준으로 보면 분명 차고 넘치게 살고 있었다.

방 하나를 통째로 차지하고 누웠는데 호텔 못지않게 호화스러운 잠자리가 사뭇 불편했다.

잠옷으로 내준 새 옷 한 벌도 며느리가 사줬는데 작아서 못 입는다고 맞으면 갖고 가라고 한다.

언제 어디서나 밥값도 동작 빠르게 먼저 내고 차비도 찔러 넣어주고 도무지 틈을 안 준다.

일전에도 차표 예매해주고 역까지 태워다주고 작별인사를 끝내고 돌아서는데 주머니에 10만 원짜리 두 장을 꾹 찔러주고 달

아난다.

남편은 백화점에 과일을 납품한다는데 올해는 날씨가 좋아서 짭짤한 수입을 올렸다고 한다. 과일 같은 생물은 날씨 따라 수억이 오락가락하니 하늘이 도와야 하는 사업이다. 다행히도 대박이 나서 생일에 고급 자동차를 선물 받았다고 한다.

작은아버지가 일찍 돌아가시는 바람에 고생하면서 자랐는데 사촌들이 모두 성공해 윤택한 삶을 꾸리고 있다. 참 감사한 일이다.

숙희야. 늘 신세 지는 것 같아 마음이 무겁고 불편했는데 이젠 생각을 바꿀게. 잘사는 동생의 배려라고 생각하며 미안해하지 않을게.

늘 건강하고 화목한 가정에서 행복하렴.

오영욱

70 평생을 살아 보니, 중대한 변곡점이 있었다.
물론 어려울 때도 많았지만, 긍정적인 것도 많다.
지금 와서 생각해보며, 긍정적이었던 것에 더 감사해한다.
죽었다 살아난 적, 삶을 바꿨던 계기,
그리고 노년을 그린 영화 한 편.
당시에 메모했던 것을 여기에 다시 꺼내 본다.

young5061@hanmail.net

심장수술

모르는 게 약일까? 아는 게 힘일까?

평생교육원의 2014년 가을 학기, 고대 의과대학에서 의료에 관한 사항을 매주 금요일 1회, 2~3시간씩 10주 동안 강의를 들었지요.

심혈관계에 대한 강의도 있었는데, 그중의 증상 하나가 어째 좀 비슷해 보였답니다.

작년 찬바람이 슬슬 불기 시작하며, 산행이나 걷기를 나서면 묘하게 느껴지는 가슴 옥죄임이 있었지요. 그때 강의 내용이 머릿속에 확 불이 켜져옵니다.

괜한 걸 들어서 괜하게 연결시키는 건 아닌지? 아니면 들었기에 미리 경종을 울리는 건지?

하여간 불안한 마음에 2년마다 받아 보는 건강보험에서의 건강검진 외에, 처음으로 고대병원에서 종합건강검진을 받기로 했네요. 가슴 부위의 CT 촬영을 옵션으로 넣어서요.

건강검진의 결과를 통보받던 날입니다. 그동안 안전과 위험의 경계선에 있던 건강지수들이 모두 위험 수위에 와있더군요. 거기다 CT 촬영의 결과는 심장의 관상동맥[1]이 수상해 보인다나? 바로 심장조영술[2]로 가야겠다고 합니다.

하지만 심근경색 등 심장에 문제가 생기면, 골든타임 90분을 넘기면 죽음이라는 얘기도 들은지라 집 가까운 분당 서울대병원에서 심장관리를 하겠노라 했지요.
모든 자료를 CD에 담아, 분당 서울대병원으로 옮겨 왔네요.
여기서도 똑같은 얘기를 하더군요. 할 수 없이 날짜를 잡았죠. 심장조영술을 위한 입원을 하기로….

심장조영술은 사실 별것도 아니었어요. 사타구니에 국부마취를 하고, 그곳에서 가느다란 관을 동맥을 따라 심장까지 이동 후, 조영제를 넣으며 X-ray로 여기저기를 동영상으로 촬영을 하는데, 나도 그 화면을 볼 수가 있었죠. 쿵덕쿵덕대는 심장과 함께.
그리고 조영 시술대 위에 누워 어느 정도 시간이 지났을까.
담당 의사는 천청벽력 같은 얘기를 하더군요.
"관상동맥 3개 모두가 다 막혀있는 데다 막힌 부분도 깊은지라, 몇 개의 스텐트 갖고는 어렵겠네요. 하더라도 재발 위험성이

---

1   관상동맥: 심장을 둘러싸고 있는 3개의 동맥으로 심장을 거꾸로 놓고 봤을 시 마치 머리에 쓰는 관처럼 보인다 하여 붙여진 이름이다.
2   심장조영술: 2박 3일의 입원으로 심장에 조영제를 넣어 촬영을 하는 것. 이를 통해 관상동맥이 일부 막혀있다면, 그 즉시 상황에 따라 풍선 또는 스텐트로 혈관을 확장하여 혈류를 좋게 시술한다.

많아요."

"그럼 어떡합니까."

"흉부외과팀과 심장 수술 여부를 상의할게요. 그곳에서 수술 여부가 결정 나면 그렇게 하는 것이 좋을 것 같습니다. 일단 오늘 심장조영은 철수하지요."

갑자기 억울한 생각이 밀려온다.

"난 술을 입에 댄 적도 없고, 담배도 3년 반 전에 끊었고, 심장병에 대한 가족력도 없는데, 왜 이런 게 나에게 생겼는지 억울한 생각이 드네요."

"담배를 30년 이상 태웠잖아요!"

결국은 담배 때문인가?

어쩌면 운동도 별로인 데다 삼백(밀가루, 쌀밥, 설탕)을 즐겨했던 나의 식생활에도 원인이 있음직하다.

다음 날, 분당 서울대병원 심혈관센터에서 회의결과를 통보해 왔다.

'관상동맥 우회 수술'을 하는 것으로 결정이 났다고 한다.

이는 몸속에 있는 유사한 동맥을 채취해 막혀있는 관상동맥의 혈류가 우회할 수 있는 혈관을 이식해주는 거란다.

그래. 그렇게 걱정했던 심장조영술을 해 보니 별것도 아니던데 이 수술도 별거 아니겠지 했지요.

수술 전날 밤 통통한 얼굴에 눈꼬리는 위로 찢어진 데다 입술이 두꺼운,

그러고 보니 포카혼타스를 닮은 여의사가 동의서를 받으러 와서는 주의사항을 일러줍디다.

"수술 담당 의사세요?" 했더니 "아뇨. 저는 담당 의사를 보좌하는 칼잡이예요."

칼잡이? 하하하 함께 웃고 말았죠.

마취과 의사를 포함한 의사 4명과 간호사 4명이 한 팀이라며, 한숨 잘 자고 일어나면 수술은 끝인 데다,

별 탈 없으면 일주일 후 퇴원할 수 있으니 걱정 말란다.

드디어 D-day 오전 8시다.

수술 대기실엔 수술환자인 듯한 15여 개의 병상이 즐비하다.

웬 수술 혼자가 이리도 많지? 거기다 수많은 의사와 간호사들이 시장통처럼 왔다 갔다 한다.

마침내 들어간 수술실은 평상시 영화나 드라마에서 보던 그 광경과 다를 게 없다.

하나, 둘, 셋…. 세던 숫자는 어디까지 세었는지 모르겠다.

누군가 얼굴을 치며 "오영욱 씨 이젠 일어나세요" 하는 소리에 게슴츠레 눈을 떠 봤다.

중환자실인 모양이다. 아직도 비몽사몽간에 머리 주변엔 가족들이 둘러 서있는 것이 보인다. 흠. 한숨 자는 동안 수술은 무사히 끝난 모양이라는 안도감도 든다.

나중에 들은 얘기지만 4~5시간 정도 걸린다는 수술 시간이

전광판에 5~6시간이 지나도 이름이 나오질 않아 애가 타서 이상한 생각을 많이 했다는 가족들이다.

그 후 30분쯤 더 지나 나오는 의사에게 물었더니
"아, 3군데를 우회하려고 했는데, 막상 가슴을 열고 보니 5군데더군요. 그래서 시간이 좀 더 걸렸습니다"라고 대답을 합니다.
그런데 문제는 지금부터라는군요.
앞가슴 갈비뼈를 모두 절개하고 젖혀서 수술하고 지금은 다시 철삿줄로 묶어놨다니.
이게 아물어 붙을 때까지는 오금을 쓸 수도 없고, 몸을 뒤척이지도 못하는 겁니다.

거기다 마취가 풀리면서 오는 통증에 밤에 잠자기도 어렵더군요.
옆에서 지켜주는 가족들도 함께 고생이었죠.
일주일 만에 퇴원한다는 말은 그냥 한 말인 것 같아요.
콩팥의 능력이 원활한지 소변량을 체크하고, 수술하며 배 안에 쏟은 피를 흐스로 빼냅니다. 나중엔 허파에 찬 물 등을 빼내느라 한참을 더 있었네요.
더 문제인 것은 가슴통증에 오록을 쓰지 못한다는 게 불편하더군요.
하여간 수술 후 보름을 훌쩍 지나 퇴원한 지금은 집주변을 슬슬 걷기도 하며 지냅니다.
아직도 가슴의 통증을 살살 진정시키며 점차 회복의 과정을 밟고 있네요.

지금은 당시보다 많이 좋아진 셈이죠.

입원실에 있으면서 수많은 유사 환자들을 보게 됩니다.

거의 1~10년 전에 스텐트 시술을 받고 다시 재발해서 오는 환자들이었죠.

어느 환자는 10년 전 심장조영술을 받고 이상 없다고 하여, 아무런 조치 없이 다시 입원실로 돌아와 병상에 올라가다가 쓰러졌다고 하네요.

사실은 문제가 있었던 거죠.

다행히 병원 안에서 쓰러졌기에 곧바로 처치가 되어 지금까지 살아있는 거지요.

퇴원해서 집에서 쓰러졌다면 죽지 않았겠냐고 하더군요. 이분은 금번 입원에서 스텐트 두 개를 더 장치하고 퇴원했네요.

또 같은 수술을 받은 70대 어르신은 몸에 오는 수상함이 뇌에 있는 줄 알고, 온갖 검사를 다 해 봤지만 이상이 없었다고 합니다.

결국 심혈관을 검사했더니 여기서 나와 같은 원인을 알게 됐다는군요.

내 옆의 병상엔 교수인데 작년 12월에 쓰러져 응급으로 들어왔는데요. 심장 수술은 물론 뇌경색까지 겹쳐 내가 퇴원할 때까지도 혼수상태에 있더군요.

언제 완전히 깰 수 있는지도 모르는가 봐요.

간병인을 두고 주말마다 오는 아들딸들이 대꾸 없는 말을 계속 걸고, 마사지를 해주는 게 참 지성이다 싶더군요.

그만큼 심장 부분은 가늠하기가 쉽지 않게 너무 돌발적인가 봅니다.

얼마 전 직원을 1,000명이나 두고 있던 학교 동기도 심근경색으로 갑자기 이 세상을 하직했지요.

또 가슴이 이상하다고 곧바로 병원으로 달린 덕에 가까스로 목숨을 건진 친구도 있답니다.

한편으로 생각해 보면 미리 알아서 심장 혈관을 새것으로 보링한 셈이 됐으니 또한 스텐트를 하여 재발의 위험이 많은 것보다는 나으니 오히려 잘됐다는 생각도 드네요.

나에게는 이런 일들이 없을 거라고 생각했었는데 예외는 아니었네요.

물론 앞으론 음식이나 운동 등에 많은 관심을 기울여야겠죠?

친구 여러분 이젠 건강에도 많은 관심을 갖게 된 나이가 된 것 같습니다.

하여간 이 투병기도 참고가 되었으면 좋겠습니다.

사실 이 같은 심장에 관한 병은 우리 건강 나이를 다 쓴 후에 발병하는 게 좋을 듯도 합니다.

건강하게 살다가 어느 한순간 하느님 만나러 가는 거죠.

하지만 아직은 아닙니다. 우리 모두 건강합시다.

유지현의 글 한 편

프롤로그

2002년 12월 어느 날.
처음 본 유지현의 모습은 비록 대학원생이었지만,
당차고, 쾌활하며, 자신 있는 표정이 무척 인상적이었습니다.
홍일선 씨를 그 이전 해부터 스쳐보았지만,
그날부로 딸을 대단하게 키워 낸 엄마로 다시 보게 되었지요.

그 이후 수년 후,
지현이의 미니홈피에 쓰인 글 한 편을 보게 됩니다.
제목 하여 "오영욱 아저씨".
엄마와 가족들에 대한 사랑이 그득하여 그 글을 참 감동적으로 봤었네요.

이 글 한 편에서, 지현이의 인생을 살아가는 긍정적 마인드가
다 보여질 수도
있을 것이란 생각이 들어 여기에다가도 옮겨와 봅니다.

***

아저씨에 다한 글은 처음 남겨 보는 것 같다.
아저씨의 성함은 오 자, 영 자, 욱 자.
우리 어머니와 동갑이시고, 정확히 몇 날 며칠 뵙게 되었던지
기억이 가물거릴 정도로 이젠 오랜 기간 알고 지낸 분 같다.

오늘, 오랜만에 아버지가 근무하셨던 주한미군에 다녀왔다.
온 가족이 들러 옛 추억도 떠올리며 즐거운 저녁을 나눴다.
그 자리에 아저씨도 함께 계셨다.

2000년 3월 17일,
나의 사랑하는 아버지께서 보름 만에 갑자기 돌아가신 뒤,
우리 집은 그야말로 풍비박산이었다.
첫째인 언니는 결혼을 한 달 앞두고 있었고,
막내인 동생은 재수 학원을 등록하려던 날이었다.
매일의 일상을 성실히 살아가던 우리에게
갑작스러운 아버지의 부재는 어떤 말로
형용할 수 없을 만큼 가혹한 사건이었다.

"아버지가 없는 내일이 올까?"

그 당시 매일 밤 잠들기 전이면 늘 떠올랐던 생각이다.
그렇게 아침을 맞이하고 나면, 원망스러울 정도로
"왜 우리 아버지는 돌아가시고 없는데
오늘은, 그리고 아침은 변함없이 찾아오는지….
모두가 나처럼 슬퍼해야 할 것 같은데
사람들은 여전히 웃고 떠들고 즐거워하는지…."
경험해보지 않은 사람들은 이해하기 힘들겠지만,
그 당시 나로서는 그 사건 자체가 이해하기 힘든 나날들이었다.

하지만, 언니, 나, 동생 모두
슬픔이란 호사스러운 감정처럼 느껴졌다.
언니는 결혼 후 중국으로 파견 나가는 형부를 따랐고,
동생은 군 입대로 잠시나마 우리 곁을 떠나게 되었다.
다섯 식구로 북적대고,
주말이면 친척들까지 북적대던 대가족에서
엄마와 나, 단둘이 남게 된 것이다.

나는 여느 때처럼
대학원 숙제에, 아르바이트에, 매일같이 밤샘을 거듭했다.
어느 날 밤, 그날도 여지없이 숙제를 하며
컴퓨터 앞을 떠나질 못하다가 목이 말라 냉장고로 가는데,
엄마가 TV를 보며 앉아 계신 모습을 보았다.

순간적으로 눈에 들어온 표정이 그렇게 슬프고 처량할 수가 없었다.
평생을 대가족을 위해 헌신하신 분인데,
배우자도 떠나고, 자식들도 다 제 갈 길 바삐 가는데,
어디 하나 편히 마음 둘 곳조차 없으신 듯한 표정이었다.

아버지와 어머닌 7살 차이가 나셨다.
그래서 아버지도 너무나 일찍 돌아가셨지만,
남겨진 어머니의 나이는 끔찍할 정도로 젊었다.
그땐 몰랐다. 홀로 남겨진 엄마가 얼마나 젊었던가를.
그런데 TV 앞에 멍하니 앉아계신 엄마의 얼굴에서
불현듯 깨닫게 된 것이다.
그 후 가만 살펴보니, 밝고 명랑하시던 엄마 얼굴에
무엇 하나 세상에 재미있는 일이란 게 없어 보였다.
당혹스러웠다. 내가 해드릴 수 있는 게 얼마 없어 보였다.

그렇게 고민하다 부랴부랴 인터넷 카페를 소개해드렸다.
가입 방법, 글쓰기, 방장, 채팅, 정모의 개념 등등
그렇게 인사 나누신 친구분들도 만나시라고 적극 권했다.
처음엔 수줍어하시며 "다 쓸데없다" 하시던 엄마가
어느 날 갑자기 점점 재미를 느끼시는 것 같았다.
학교 졸업 이후로, 동갑내기 또래들을 만나

친근하게 이름도 부르고 반말도 써가며
즐거워하신 게 얼마 만인가 싶으신 것 같았다.

한 달에 한 번 나가는 모임,
아마 말씀은 안 하셨지만 꽤나 설레셨을 것 같다.
조금 오버하면, 젊음을 되찾으신 기분이셨을 게다.
그래, 저 모습은 자식이 채워줄 수 없는 부분이야.
내가 왜 여태 이 방법을 몰랐을까 싶었다.
그 과정에서 아저씨를 알게 되셨고,
지금까지 오붓이 즐겁게 잘 지내시고 계신다.

처음 얘기로 접했을 땐 너무 잘됐다며 적극 응원했지만,
솔직히 소녀처럼 다시 예뻐지는 엄마를 보면서
나 혼자 눈물로 지샌 밤도 많았다.
하늘에서 아빠가 나를 원망하시면 어쩌나.
제일 든든해하던 둘째 딸이 결국 배신한 꼴이 되면 어쩌나.
그때만 해도 아버지 사진만 봐도 가슴이 뭉클하고
눈 감으면 얼굴이 떠오르질 않는다며 제발 내 꿈에 나와달라고
기도하던 날들이었다. 그런데 아버지가 날 원망하면 어쩌지….
이 생각에 밤에 잠이 오질 않았다. 다만 홀로 주문 외듯,
아냐, 아빠 안 그러실 거야. 내 맘 아실 거야. 잘했다 하실 거야….

그리고 7년의 세월.
엄마와 아빠의 나이 차이만큼이나 세월이 흐른 지금,
그래, 정말 하늘에서 내려다보시며 나에게 잘했다고
하실 것 같다는 확신이 든다…. 엄마가 행복하시니까….
늘 점잖게, 따뜻하게,
넓은 마음으로 그 곁을 지켜주시는 아저씨가 너무 감사하다.

돌이켜보면,
지극히 대한민국 표준이라 할 수 있었던
우리 가족에게 수많은 변화가 있었고,
우리는 그 변화를 거부하지 않고 겸허하게 받아들여왔다.
그리고 나의 것, 우리의 것으로 만들어가고 있다.
그래서, 남들은 이해할 수 없을지 모르겠지만,
난 이 순리를 받아들인 우리 가족이 대견스럽기까지 하다.
그래, 모든 일이 순리대로 흘러갈 테니,
우리는 그저 하루하루의 삶에 충실할 뿐이다.
사랑하는 사람들과 행복하게 감사하며
살아간다면 그 이상의 천국이 어디 있겠어.

***

에필로그

지현이를 본 지는 19년이 지났지만,
유지현의 생각처럼 모든 것은 순리대로 흘렀습니다.
두 가족이 한 가족으로 된 것이죠. 그리고 하루하루의 삶에 충실하게 살고 있습니다.
유지현은 지금 현재 미국 미시간대학교 앤아버캠퍼스 교육공학과 교수이며,
동양인으르는 처음으로, 총장직할인 교과목 혁신연구소 소장으로 재직 중에 있습니다.

영화 〈어바웃 슈미트〉

우리가 사회의 뒷전으로 물러난다면 어떤 모습일까. 거기다 가정에서까지도 자기의 위치를 잃어버린다면 그건 어떤 형태일까.

영화 〈어바웃 슈미트〉는 그걸 얘기하고 있었다.

회사를 위해 앞만 보고 달려온 덕에 사회적으로 인정받았던 그가 돌연 정년퇴직이라는 철퇴를 맞으면서 그 모습과 형태는 드러나기 시작한다

오직 머피의 법칙만 적용되면서….

자기가 아니면 할 수 없는 일이라고 믿었던 업무는 컴퓨터로 무장된 젊은 서 대어 의해 더 잘 돌아간다.

마누라의 갑작스러운 죽음과 절친한 친구와 마누라가 젊었을 때의 불륜과 오동딸이 뜨내기와의 결혼 요구 등….

그러면서 느껴지는 외로움, 그 외로움은 낯선 부인에게 성추행자로 낙인찍히는 부끄러움이다. 사돈의 질 낮은 형동에서의 역겨움도.

그동안 행복했고 성공적인 삶을 살았다고 생각해왔던 66세의 슈미트는 한순간에 인생의 패배자로 전락한다.

오영욱

그의 분노는 아프리카의 굶주린 6살 난 소년에게 한 달 식사를 할 수 있는 22달러를 지원하는 유니세프 프로그램에 참여하면서 매달 보내는 편지에 털어놓는다.

66세의 할아버지가 6세의 어린 소년에게, 거기에다 영어도 모르는 아이에게 그 편지는 무슨 의미가 있겠는가? 하지만 그 편지에서의 독백은 슈미트의 유일한 해방구였다.
이건 남의 얘기가 아니다. 흔히 있을 수 있는 얘기인지도 모른다.
이제 우리 나이 50대 초라고 하지만 얼마 있으면 우리도 사회의 뒷전에 슈미트처럼 나앉게 될 게다.
다만 그렇게 심한 머피의 법칙이 적용되지 않게 하기 위해선 지금부터라도 가까이 있는 가족과 친구들을 더 많이 사랑해야 됨이 아닌지.

영화에선 해법이라고 주는 것이 슈미트는 자기를 반성하며 마누라와 친구를 용서하고 그리고 딸의 결혼식에서 훌륭한 축사도 한다. 그러면서 억압된 마음을 해방시킨다.

소년을 돌봐주는 수녀님으로부터 덕분에 씩씩하게 잘 크고 있는 답장 편지에서 그는 인생 말년에 새로운 희망도 보면서 말이다.
슈미트 역이 '잭 니콜슨'이 아니었다면 이 영화는 그냥 밋밋했을 것이다.

〈뻐꾸기 둥지 위로 날아간 새〉, 〈이보다 더 좋을 순 없다〉 영화와 12번의 남우주연상과 남우조연상에 노미네이트되었음은 이 영화에서도 여실히 잘 증명되고 있다.

기라성 같은 멋진 배우들이 많음에도 불구하고 그가 할리우드의 거성인 것은 한마디로 끝내주는 연기력에 있음이 아닌가 한다.

기억은 지워도, 사랑은 지워지지 않습니다

지난 목요일 걷기 프로그램이 없어지자 그날은 영화 한 프로로 들이댄다. 마침 인근의 남대문시장에서 만날 사람도 있고 겸사겸사해서 그래, 영화나 한 프로 할까? 오랜만에 명동을 나왔는데.

〈히말라야〉는 개봉 전 시사회에서 봤고, 〈내부자〉도 이미 섭렵한 영화였다.

그걸 빼놓고 나니 딱히 볼만한 영화가 없다.

하지만 함께한 53의 여친들은 〈히말라야〉에 자꾸 눈이 간다.

따로따로 찢어지기로 했다.

표 파는 아가씨에게 〈히말라야〉와 비슷한 시간에 시작하는 영화를 물었더니 있단다.

"이터널 선샤인."

짐 캐리 주연에 타이타닉의 여주인공 케이트 윈즐릿도 나온다니 쾌재를 불렀다.

영화를 중간쯤 보면서 얼마나 실망했는지 도대체가 뭘 얘기하자는 건지 알 수가 없었다.

옆에 앉은 청춘 남녀도 뒤척뒤척하더니 나가버리고 만다.

그냥 〈히말라야〉를 두 번 볼 걸 그랬나?

인간의 극한을 보여주는 영화는 실패한 적이 없는, 꽤나 감동적인 영화였는데 말이다.

그래도 내가 누군가? 아무리 재미없어도 한 번 앉으면 뿌리를 빼는 사람 아닌가?

거의 마지막을 향해 달릴 즈음에야 감이 온다.

현재와 과거를, 그리고 꿈과 현실을 뒤죽박죽으로 뒤엉켜 놨으니 따라잡기 힘들지만, 어느 한 장면이 열쇠처럼 풀리면서 난해했던 시간과 공간은 일시에 정립된다.

수수께끼 문제가 풀린 느낌이라 쾌재다.

실망했던 깊은 골이 이젠 더 높은 환희의 산이 되어버렸다.

사랑했던 젊은이들, 알콩달콩 티격태격….

이젠 그 사랑의 기억을 어느 전문가를 통해 인위적으로 지워버리려 한다.

먼저 지워버린 여인(케이트 윈즐릿), 화가 나서 남자(짐 캐리)도 지워버리려 머리를 기계 속에 넣어버리지만 지우면 지울수록 사랑의 감정이 되살아 수면 상태에서, 지우면 안 된다고 발버둥 친다.

마치 우리가 어릴 적 꿈을 꿀 때, 누군가가 나를 잡으러 오고 이를 피해 도망치는 악몽과 비슷하다고나 할까?

기억이 다 지워져, 낯선 채로 다시 보게 되는 청춘 남녀에게 묘한 끌림이 있다.

오영욱

어렴풋이 "전생에 인연이 있었던가?"

기억을 지우기 전, 전문가에게 얘기해준 둘만의 녹음테이프에서, 이들은 여전히 서로 사랑했던 사이임을 알게 된다.

영화 광고 문구가 이랬다.

'기억은 지워도, 사랑은 지워지지 않습니다.'

알고 보니 10년 전인 2005년에 이미 상영됐던 영화라고 한다. 당시 관객 수 16만 8천 명. 그러니까 이번에 재개봉된 영화인데, 이미 당시의 관객 수를 넘었단다.

관객 수가 첫 개봉 시보다 많은 재개봉 영화는 처음이라고 한다.

신준호

요즘 내가 하는 일은 아침 7시까지
우리 고대면 소재지 집에서 가까운
고대중학교로 출근하는 일이다.
등교하는 학생들 발열체크를 돕고
커피 한 잔 마시고 귀가한다.
점심시간에 다시 가서 점심 먹으러 오는
학생들 발열체크를 하고 돌아오는 것이다.

scrmill@daum.net

커피 1

내가 기차를 처음 본 건 8살 때였다.

공주 유구에서 천안으로 이사 오던 날 비행기보다 더 커다란 기차를 보았던 것이다.

그 후 미국 사람을 처음 본 건 미국인 둘이서 우리 집 앞을 지날 때다. 문 앞에 서있는 나를 보고 "평택 Go 평~ 택" 한다. 나는 얼떨결에 "예스" 하면서 Ok 사인을 보냈다. 복장을 보니 사냥을 하러 가는 듯하다.

나는 그들이 무엇을 잡나 보려고 뒤를 따라갔다. 꿩은 한 마리도 잡지 못하고 업성 저수지에서 나룻배를 타게 되었다.

배주인 동네 아저씨가 같이 가자고 해 제방에 그분들을 내려주고 왔다.

그런데 배 안에 커피 껌이 하나 놓여있었다. 파란 종이에 싼 롯데 껌이 전부인 줄 알았던 내가 커피색의 그 껌을 보고 먹을까 말까를 몇 번 망설이다가 까서 입에 넣었다. 그때 그 커피색의 껌은 나에게 아주 신선한 충격이었다.

커피도 모르고 커피 맛도 보지 못한 나에게 그 달달하고 은은한 커피 향은 아~ 미국 사람들은 이런 것을 먹고 사는구나, 감탄사가 절로 나왔다.

그때 천원군 변두리 시골이었던 우리 동네는 작은 구멍가게 하나밖에 없었으니 그 맛을 다시 찾을 수도 살 수도 없었고 그냥 미국 사람들이나 먹는 껌으로 생각했다.

그리고 한참 후에 우리나라에도 커피 껌이 나와 사서 먹게 되었는데 그때 내가 그렇게 그리던 그 맛하고는 조금 달랐었던 것 같다.

그때 그 맛이 아마 내겐 커피의 달콤 씁쓸한 맛을 처음 음미해 본 첫사랑의 맛이었을 게다.

커피 2

동네 여자 친구들이 회사에 다니면서 다른 동네 여자들이 우리 동네에 놀러 오는 계기가 되었다.

시내 근처에 사는 딸 부잣집 셋째 딸인 긴 머리에 빨간 원피스와 감색 미니스커트를 입은 몇 살 어린 여자아이가 따라왔는데 성격도 좋고 아주 예쁘다고 한다.

본래 천안 우리 집은 큰 동네 가운데 논을 두고 몇백 미터 떨어져있었다. 어쩌다 동네로 놀러 가곤 했는데 친구들 말이 꽤 괜찮은 여자애가 우리 동네에 놀러왔다는 것이다.

다음에 또 오면 연락 좀 하라 일러두고 여자 친구들에게 한 번 더 데려오라고 일렀다.

며칠 후, 시내 중국집에서 한번 만나자는 연락이 왔다. 자장면 값은 남자들이 부담하기로 결정했다.

중국집에서 남자 친구들 셋하고 여자 친구들이 그 여자애를 데리고 들어온다. 내가 봐도 괜찮은 소녀였다.

셋째 딸이라 오빠가 없다고 한다. 나는 형제뿐이고 여동생도 누나도 없다 하니 당장 날 오빠라고 부르겠단다. 이렇게 좋을 수가 있을까? 그 애는 내 여동생이 되었다.

어느 날 시내에서 커피 한잔하자는 연락이 왔다.

전화도 없던 시절이라 회사에 다니는 친구 편에 연락이 오고 가고 할 때다.

천안 아카데미극장 계단 옆, 다방에서 만나기로 했는데 웬일인지 기다려도 그녀는 오지 않는다. 그냥 나오기 미안해서 커피를 시켜 마시는데 왜 이렇게 커피가 쓴지….

맛없는 커피를 홀짝거리며 이런저런 생각을 하다가 괘씸하기도 하고 화가 난다. 벌떡 일어나 문을 박차고 나왔더니 다방 여자가 뒤따라 나와 커피값은 내고 가라고 했던 기억이 난다.

그날 나는 세상에서 가장 맛없는 커피를 먹었고 내 인생에서 처음으로 바람맞은 날이 되었다.

훗날 급한 사정이 생겨 못 나왔다는 전갈이 왔다. 나는 이유를 묻지 않았다. 친구들과 어울리면 다정한 오누이처럼 중국집에서 음식도 시켜 먹고 극장 데이트도 즐겼다.

내가 입대를 하자 자주 편지를 주고받았다. 가끔씩 책도 사서 보내줘서 군대 동기들과 돌려가며 읽었다. 휴가 나오면 그녀의 친구들하고 우리 집에도 놀러왔다.

원두막에서 참외와 수박도 먹으며 즐거워했다.

잠시나마 의남매로 맺은 동생 덕분에 군 생활을 즐겁게 할 수 있었던 옛일은 커피와 같이 추억으로 남는다.

내 인생 처음으로 바람맞고 가장 맛없는 쓴 커피를 마시던 기억이다.

커피 3

군대 생활할 때 어쩌다 커피라도 한잔 얻어걸리면 그렇게 맛이 있을 수 없다.

졸병 때 휴전선에서 땅굴이 발견되고 우리 사단 공병대에서는 대성산에 옹벽을 만들고 하천에는 북한군이 쳐내려오지 못하도록 탱크 장애물 작업을 만들 때 나는 파견지에서 부 대대장님 당번병을 했다.

그때 각 중대에서 부 대대장님 전방에서 수고하신다고 각 중대장님들이 술이며 커피며 좋은 부식이 나왔을 때 드시라고 가지고 오시면 그때는 믹스커피가 없을 때라 커피 맛도 모르는 내가 그냥 커피 1.2, 설탕 2, 프림 1스푼 정도 넣어 타드리면 빈말인지 몰라도 신 일병 커피가 제일 맛있다고 할 때 괜히 어깨가 으슥해지고 기분이 업되어 무엇이라도 더 주고 싶은 생각이 들었다.

내가 병장을 달고 얼마 있지 않았을 때에는 사단에 이상한 소문이 돌았다.

15사단 삼거리 다방에 아가씨가 있는데 오목을 아주 잘 둔다는 소문이 났다.

버스 정류장에 있는 다방인데 군인들이 휴가, 출장, 외출, 외박을 다니며 버스를 기다리다 참새가 방앗간처럼 들르는 곳이다.

특히 장교나 하사관들은 아주 그 아가씨 밥이란다.

여자인 다방 아가씨가 오목으로 커피 내기 한 번 하자면 이 세상에 안 할 남자 또 군인이 어디 있나. 특히나 장교들은….

그런데 그곳 다방 아가씨를 이겨본 사람이 없다는 것이다.

한참 혈기 왕성하고 5대장성 중에 속해있던 내가 가만히 있을 수 있나.

어느 날 기회가 되어 그 다방에 갔더니 다방 한가운데 바둑판이 잘 놓여있고 커피 한 잔을 시키고 앉아있으니 신 병장님 나하고 커피 내기 오목 한판 해요 하고 수작을 건다.

난 못 이기는 척하고 내심 속으로 미소를 지으며 그래 어디 한 번 붙어 보자 했다.

결과적으로 내가 2승을 하니 한 판을 더 하잔다.

그래서 한 번은 지고 내가 2승을 더해 2승 1패로 또 이겼더니 오늘 커피값은 내지 말고 그냥 가시라 하며 한 잔을 더 준다.

그 커피 맛은 우리 사단 남자들의 자존심을 지키는, 정말로 그때까지 내 생에 있어 가장 맛있는 커피 맛이었다.

그 후 사단 훈병대대 병장 말년에 여기저기 출장 다니면서 그 다방 이야기를 하니 그 다방 가서 커피값 쌍화차값 날렸다며 거기 가서 절대 오목 두지 말라는 말들을 한다.

나는 의기양양해서 커피값 안 내고 왔다고 하니 안 되는 것도 되게 해주며 나를 달리 보는 군인도 있었다.

그때 다시 한 잔 공짜로 준 커피를 마시며 내심 웃으며 마시던 그 커피 맛을 잊을 수 없다.

우리 사단 남자의 자존심을 지켜준 내 오목 실력은 중·고등학교 다닐 때부터 연마한 실력이다. 심심하면 모눈종이에 그려서 연습하고 동네 친구와 후배들과 겨루어 주름잡던 실력이다. 지금도 강원도 철원군 화천 삼거리 차부 다방에는 그 아가씨가 늙어가고 있을까?

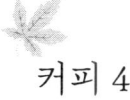
커피 4

내가 입사한 지 얼마 안 되어 일어난 일이다.

혈기 왕성한 때 제대하고 집에서 잠시 머물다가 회사에 입사했다. 나와 비슷한 신입들 의자가 문 쪽에서 맨 앞에 한 줄에 배열되어있고 그 옆이 선배님들, 대리님들, 과장님들, 그다음이 부장님 자리였다.

선배님들을 뒤에 두고 제일 앞줄에 앉아있으려니 일이 많을 때는 괜찮은데 일이 없을 때는 여간 부담스러운 게 아니다.

뒤에 앉아있는 모든 선배들이 나만 보는 것 같다. 그렇다고 뒤를 쳐다볼 수도 없고 한참 뛰어놀던 야생마가 울안에 갇힌 꼴이다.

소화도 잘 안 되고 우유를 먹으면 속이 더부룩하고 빈속에 커피를 마시면 속이 좋지 않았다.

커피를 먹는 것도 타는 것도 싫어지고 멀리하게 되었다.

그 시절에는 사무실에 여직원이 하는 일이란 거의 커피를 타는 것이다. 당연히 커피는 여사원 몫이고 업무라는 지 커피 타고, 카피하고, 서류 보조, 본관에 심부름 다니는 것 등등이다. 그중에서 손님 오시면 커피 타드리는 것이 제일 중요한 일이었을 때다.

혹여 그 여사원이 부재중일 때 본사에서 높은 분이나 중요한 업자들이 오면 내가 커피를 타야 했다. 그게 자존심이 심히 상하는 일이 되었다. 나는 그때부터 커피가 싫어졌다.

군대 있을 때는 중대장님이나 대대장님 레벨 정도가 오시면 자랑스럽게 타드리던 내 커피 실력인데 여사원이 하는 커피 심부름을 가끔 내가 하려니 남자의 자존심이 무너지는 것 같아 마음이 불편했다. 특히 아침에 출근하면 모닝커피를 한 잔씩 하고 일과를 시작했다. 난 커피를 안 마신다고 했다. 한참 동생 같았던 그 여사원은 그게 좀 이상했나 보다.

우리 사무실 옆에는 건설회사 사무실이 있었는데 거기도 여사원이 있었다.

고향이 충청도라고 그래도 정이 가는지 그 사무실에 가면 그녀가 정성스레 커피를 타줬다.

그러면 안 마실 수도 없고 해서 속이 쓰려도 할 수 없이 마셔야만 했다. 그것을 몇 번 본 우리 사무실 여사원이 왜 내가 타주는 커피는 안 마시고 그 사무실 여사원이 타주는 커피는 마시느냐고 따지듯 묻는 것이다. 참 변명할 말이 궁색했다.

그다음부터는 그쪽 사무실 여사원한테도 이야기하고 커피를 안 마셨다.

내 기억에 속 쓰린 커피 먹고 우리 사무실 여사원한테 오해도 받았던 그 시절 잊지 못할 신입사원 때 속 쓰린 커피 맛이다.

지금 그렇게 젊은 아가씨들이 경쟁적으로 커피를 타주면 절대로 마다 않고 두 잔 모두 다 잘 마실 텐데 말이야.

지금은 모두 할머니가 되어 아들딸 거느리고 손자 재롱도 보며 잘들 살고 있으리라.

가끔 생각이 난다. 그때 그 못 마시던 커피가….

커피 5

요즘 내가 하는 일은 아침 7시까지 우리 고대면 소재지 집에서 가까운 고대중학교로 출근하는 일이다. 등교하는 학생들 발열체크를 돕고 커피 한 잔 마시고 귀가한다. 점심시간에 다시 가서 점심 먹으러 오는 학생들 발열체크를 하고 돌아오는 것이다.

정부 일자리 차원에서 하는 것이고 용돈도 주는데 꼭 돈만 바라고 하는 일은 아니다.

학교에는 나 말고 문 열어주는 옛날 소사 같은 분도 계시고 잔디밭 매고 학교 울타리 정리하는 누님들과 형님들도 계시다.

그중에서는 내가 제일 젊고 학생들을 상대하니 내가 하는 일이 좀 나은 것 같다.

난 선생님들과 학생들을 상대하고 그분들은 행정실과 교장 선생님이 담당이다.

그런데 작년 남자 교장 선생님은 학교 바로 옆에 있는 사택에 계시니 시간이 많아 학교에도 일찍 오시고 그 형님들한테도 손수 커피도 타다 드렸다.

그러다 올 3월에 정년을 하시고 지금 여자 교장 선생님은 태

안에서 출퇴근을 하신다.

늦둥이가 있는데 고등학생이란다.

아침에 고등학생 학교 보내고 한 시간을 운전하여 당진까지 출근하려면 엄청 바쁘게 해야 할 것 같다.

교장 선생님이 되려면 100명의 교사 중 상위 1~2%만이 교장 선생님이 된다고 하는데 얼마나 노력하여 여자 교장 선생님이 되었을까 가히 짐작이 간다.

아침에 바쁘게 출근하여 형님들한테 작년 교장 선생님이 하신 것처럼 바삐 커피를 타 가지고 가시는 것을 보면 측은지심이 인다. 그리고 내가 내 인생의 커피에 대한 이야기를 생각하게 했다.

그 교장 선생님께서 초임 선생님이었을 때는 당연히 커피는 초임 몫이었을 것이다. 그런데 지금은 인권이다 뭐다 해서 초임 선생님들이 커피 타는 것을 쳐다보지도 않는다.

어쩌다 가끔 하는 여선생님도 있지만 대부분은 자기 것만 당당히 타서 마신다.

지금 우리 세대는 어떤가? 어렵게 공부하고 취직하여 집 사고 또 부모님 공경하고 자식들도 키워냈다. 그런데 아직도 자식들 뒷바라지에 손자들도 키워주고 있다.

그리고 우리들의 노후는 우리들이 책임져야 한다.

내 생각으론 지금의 교장 선생님 젊었을 때 커피 꽤나 끓였을 텐데 아직까지 커피를 들고 다닌다. 세상이 참 이상하게 돌아간다.

아내로 엄마로, 교장 선생님으로 일인 삼역을 거뜬하게 해낸다. 또 학교 잔디밭 운동장 울타리 정리하고 꽃밭 가꾸는 근로자들 접대까지 하는 것이다.

개중에는 잘 먹고 잘 놀고 취미 생활도 누리는 친구들도 있지만 말이다.

배정훈

두 아들을 둔 어머니가 있었다.
한 아들은 우산장수였고
다른 아들은 짚신장수였다.
비가 오면 짚신장수 굶을까 봐
걱정이 태산이요. 날이 좋으면
우산장수 아들 굶을까 봐 걱정이었다.
하나를 얻으면 하나를 잃게 되듯
둘을 모두 충족시킬 수
있는 일이란 어렵다.

Jhbae2969@hanmail.net

부대찌개

　부대찌개 하면 지금은 우리가 특별한 외식으로 즐겨 찾지만 기실 우리 선조들까지는 아니고 울 아버님 세대와 육십을 넘은 우리 세대의 애환이 서려있는 참 서글픈 음식이다.
　전쟁 직후 동두천과 의정부에는 60~70년대 초까지만 해도 미군 부대가 많이 상주해있어 먹을 것 없어 배곯았던 시대에도 미군들은 먹을 게 풍족해 미군들이 먹다 남긴 잔반엔 햄, 소시지 등 고기 종류들이 많이 들어있었다.
　그 잔반을 가축들에게 준다고 실어왔던 부대 인근 주민들이 그것을 건져내어 깨끗이 씻어 호구지책으로 끓여 먹던 음식이다. 그게 맛있다고 소문이 나면서 길거리 좌판까지 진출하여 꿀꿀이죽으로 불렸다.
　그렇게 미군 부대에서 나온 고기로 끓였다 하여 부대찌개, 혹은 부대고기 찌개로 불렸다.

　그래도 70년도 초엔 많이 나아졌다. 잔반에서 건져낸 것이 아닌 그 당시 양공주, 양색시라 불리던 우리의 누님 등의 손을 거쳐 미군 PX 등에서 빼내온 햄과 소시지를 사용해 음식을 조리

해 팔았는데 부대찌개 혹은 존슨탕으로 불리며 먹을 게 흔치 않던 시절에 의외로 반응이 좋았던 음식이다.

70년대 초, 갓 이십을 넘긴 나와 친구들은 당시 여가생활이라고 하는 게 등산밖엔 없었다. 보릿고개에서 간신히 벗어난 그 시기 등산이 갑자기 유행처럼 번져 너도 나도 산으로 향했다.

지금같이 화려한 등산화가 아닌 군 워커 목을 잘라 만든 등산화에 승마바지같이 생긴 당고바지를 입었다. 그런 반바지에 미군 헌 야전잠바를 까맣게 물들여 입고 밑바닥 없이 목간 있는 스타킹은 또 왜 신은 건지….

무릎 밑까지 올라오는 스타킹을 신고(당시의 등산 패션모드) 비싼 자일은(당시엔 전문 암벽인도 얼마 안 됐지만 그나마도 일부만 소유) 언감생심, 삼 꼬아 만든 얇은 밧줄 하나 들고(겨울철에) 나름대로 닷이라고 으쓱이며 다녔다.

주로 등산코스가 서울 인근 백운대와 원도봉산이나 수락산 등이었다. 원도봉산이나 수락산 마당바위로 내려오면 의정부 시내 부대고기 식당에 들러 제일 작은 것 한 그릇 시켜놓고 서로 많이 먹으려고 싸워가며 먹는 부대찌개의 맛은 주머니가 항상 불안한 우리에겐 가히 우리의 상상을 초월하는 맛이었다.

73년도에 군에 가 보니 부식으로 부대고기가 나왔는데(그 고기가 그 고긴지는 모르나 국산 고기는 아니었음) 그 고기가 무슨 고기로 만든 건지 모르지만 그 당시 우리는 그냥 양고기라 불렀다.

군부대의 요리 방법이라는 게 그저 그러니 그 당시 그 맛에 익숙지 않은 친구들은 그 뭐랄까, 노린내 비슷한 냄새가 난다고 안 먹는 친구들이 더러 있었는데 비파로 보안부대에 근무했던 나는 부대 내로 출퇴근을 했다. 그때 부대원의 취사를 해주는 아주머니가 계셔 그걸 밀가루에 묻혀 식용유에 튀기든가 찌개로 끓여 술안주로 해주시면 아주 먹을 만했었다.

제대 후에도 산행 후엔 가끔 의정부 부대찌개 골목에서 부대찌개를 시키면 제법 그 고기가 많이 나왔는데 지금은 부대찌개를 시켜도 오리지널 부대고기는 없고 식당에서 돼지고기를 다져 만든 고기가 대신한다.

그 부대고기가 요즈음은 어디로 사라지고 왜 안 나오는 거지?

날씨가 싸늘해지고 손이 시린 계절이 오면 지금도 산행 후엔 서로 한술이라도 더 먹으려 숟갈 싸움해가며 먹던 부대찌개의 그 맛이 그립고 같이했던 그 친구들의 정이 새삼 그립다.

얼마 전 이시형 박사의 자서전을 읽었다. 이시형 박사님이 6.25 때 미근 부대 하우스 보이로 일할 때였다고 한다. 미군들이 먹다 남은 잔반에 담배꽁초, 이쑤시개, 휴지 및 쓰레기 등을 넣지 않게 해달라고 부대장에게 부탁했다고 한다. 돼지 사료가 아닌 먹을 게 없는 부대 인근 주민들이 그걸 갖다 끓여 주린 배를 채운다고 실상을 말씀드렸더니 부대장이 깜짝 놀라 부대원들에게 잔반에 그런 걸 넣지 말라고 명령했다고 한다.

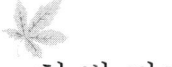
한 발 뒤로 물러서서

모처럼 자판기 앞에 앉아 보니 글을 써본 게 언제인지 감회가 새롭다.

내 일을 접고 샐러리맨 생활로 접어들고 나서는 도통 시간이 안 난다.

그럼에도 이렇게 자판 앞에 앉게 된 연유는 카페지기 박성규 친구의 카페지기 양도의 글 때문이다. 무슨 일인가 하여 지기의 글을 검색해보니 이기 지워졌는지 이유를 알 수 없어 53방 친구에게 전화를 걸었다. 그간의 사정을 알려주어 자세히는 몰라도 대략 이해가 되었다.

황희 정승과 우산장수와 짚신장수 아들을 둔 어머니의 옛 고사가 생각난다.

하인 둘이 싸우니 둘을 불러 싸운 이유를 차례차례 듣던 정승은 한 하인의 얘기를 듣더니 "네 말이 옳구나", 그다음 하인의 얘기를 듣더니 '네 말도 옳구나' 했다.

그 옆에 있던 부인 왈 "이 하인 말도 맞다 하고 저 하인 말도 맞다 하니 그런 판단이 어디 있소?", "부인 말도 맞소" 했다고 한다.

사실 둘 다 따로 이야기를 들어보면 일리가 있는 것이다.

두 아들을 둔 어머니가 있었다. 한 아들은 우산장수였고 다른 아들은 짚신장수였다.

비가 오면 짚신장수 굶을까 봐 걱정이 태산이요. 날이 좋으면 우산장수 아들 굶을까 봐 걱정이었다.

난 모든 것에 양면성이 있다고 생각한다.

하나를 얻으면 하나를 잃게 되듯 둘을 모두 충족시킬 수 있는 일이란 어렵다.

낮에 태양은 밝아서 모든 사물을 보지만 너무 밝아 눈부셔 태양의 뒷면을 못 본다. 밤엔 어두워 아무것도 못 볼 것 같지만 밝은 태양 아래서 못 보던 것들을 밤이기에 볼 수 있는 것들이 또 있다. 카페지기의 뜻과 그에 반대한 친구들의 뜻도 모두 일리가 있다는 말이다. 모두 다 우리 53방을 위한 충정의 마음에서 나온 의견들이다.

어느 게 맞고 어느 게 틀리다고 어떻게 꼬집어 누구에게 돌을 던질 수 있단 말인가?

전체적인 의견을 들어 많은 쪽이 선호하는 쪽으로 운영하는 게 민주적인 방식이 아닌가 생각한다. 나도 지기의 글을 직접 못 봤으니 뭐라 단정을 못 하지만 이렇게 운영하겠다고 확정의 글을 올린 건 아니고, 하다 보니 이런 폐단이 있어 아마도 이렇게 하는 건 어떨까 의견 개진의 글을 올렸던 게 아닐까 생각한다.

　전국에 있는 53년생 친구들 중 인터넷 세상에서도 만나고 가끔은 만나서 즐거운 시간을 누릴 수 있으니 우리는 복 받은 친구들이다.

　아무리 풍요로운 시대라고는 하지만 아직도 먹고 사는 문제로 허덕이는 친구들이 더러는 존재할 것이다. 본인은 자리 잡았다 해도 자식 문제로 전전 긍긍하는 친구들도 있을 테고, 이런 카페가 있는 줄도 모르고 살아가는 불행한 친구들도 분명 있으리라 믿는다. 그런 친구들에 비하면 우리는 행복한 친구들이 아닐까?

피서

8월 15일이 어머님 생신이시다.

그런데 하필 막내 여동생 매제가 휴가라 해외여행이 잡혀있어 부득불 8일과 9일로 일주일을 앞당겼다. 이왕이면 남매들 모두 참석하고 싶어서 통상, 어머니 생신 땐 미리 당겨 전 주일 토요일과 일요일 양 이틀에 걸쳐 날을 잡는다.

매번 주위 가까운 콘도나 방갈로를 빌려 하루를 같이 지낸다. 요번엔 어머니 생신이 갑자기 일정이 일주일이나 당겨졌다. 어디 장소를 얻으려니 피크철인지라 마땅한 장소가 없다. 할 수 없이 토요일 저녁에 모여 식구들과 술 한잔하고 일요일엔 전에 가끔 놀러 가던 남양주 진접읍 금곡리 초당골로 가기로 결정했다.

계곡 물가에 자릿세 주고 음식을 시켜 먹고 하루를 보내자고 의견이 모인 것이다.

일요일 아침 좋은 자리 차지하려고 일진이 먼저 올랐는데 전화가 걸려왔다.

이미 자리도 한 달 전에 예약이 끝났고 바빠서 예약 손님 외엔 음식도 못 해준단다.

할 수 없이 다시 시장을 보기 시작했다. 고기는 마침 동생이

식당을 하니 장사하려고 재워놨던 갈비를 통째 들고 가면 되니 해결된 셈이다. 이리저리 뛰어다니면서 준비하고 계곡으로 들어가니 오전 11시다.

이미 주차장은 만원이라 산으로 올라가는 계곡 길가에 주차 차량이 빼곡하다.

무사히 주차를 모두 마치고 제일 요지에 자리를 잡았다. 아침 일찍 올라간 동진의 수고 덕분이다. 지역 전화부도 갖고 올라간 덕분에 애들 피자도 시켜 먹었다.

난 이름도 모르지만 한 판에 3만 5천 원이라는데 아들만 좋아하는 메뉴가 아니었다.

4판이 순식간에 동이 났던 것이다.

손도 잘 안 대던 내가 먹어 봐도 산에서 시켜 먹는 피자 맛은 일품이다.

계곡에 "자장면 시키신 분"이 아닌 "피자 시키신 분" 소리가 계곡에 울려 퍼졌다.

산에서 피자 시켜 먹은 친구 있음 나와 보라고 해. 하하. 피자 집 점장님이 직접 오토바이를 타고 오셨는데 위험한 데라 종업원을 시킬 수가 없어 점장님이 직접 배달을 왔단다.

우리 옆에 물웅덩이가 있는데 물 떨어지는 곳 깊이가 한 3m 가까이 되었다. 바위 위에서 다이빙을 하는데 젊은 친구들도 선뜻 뛰어내리는 걸 주저했다.

우리 식구가 육 남매인데 큰매형은 안 오고 울 형제 내외 11명에 조카와 조카 손주까지 17명 대식구가 모였다. 어린 조카 손주들과 엄니와 막내 여동생, 그리고 내 딸내미만 수영을 못 하고 나머지 식구들이 일렬로 차례를 기다리며 다이빙을 했다.

구경하는 수많은 사람들이 일제히 박수를 치고 환호한다.

환갑을 넘긴 울 누님부터 중3짜리 조카 녀석까지 차례로 계속 뛰어내리는 므습은 내가 봐도 장관이다.

옥에 티라면 울 누님이 나이가 나이인지라 겁을 먹어 좀 쭈뼛거렸던 것이리라.

뛰어내리고 난 뒤 누님의 소감 한마디가 걸작이다. 체중이 나가니 혹 물에 안 떨어지고 바위에 떨어질 것 같아 겁이 났다나….

바위가 일자가 아니고 약간 경사가 졌으니 걱정도 되었을 것이다.

계곡물이라 물속에 시간이 지나자 얼마나 추운지 입술이 새파래진다.

내려와 보니 어제 날씨가 올 들어 최고로 더운 33.6도였다고 한다.

그런 날씨에 계곡 물속에서 떨다 왔으니 피서 한번 제대로 했다는 생각이다.

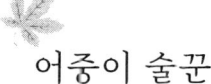
어중이 술꾼

나는 가끔 길에서 술 취해 쓰러져 자는 사람을 보면 부러울 때가 있다.

옆지기는 그런 내가 미쳤다고 한다. 맨정신으로 견디기는 삶이 버거워 술을 마실 때 나는 정신을 잃었는데도 남들은 그걸 못 느낀다. 자리에 쓰러져 혼자 됐을 때 독백처럼 되뇌일 때가 있다. 좀처럼 없는 일이지만 친구들과 원산도에 놀러 가서도 그랬다.

자리에 드러누워 옆에 옆지기가 있는 줄 알고 잠들 때까지 주정을 했나 보다.

"내가 당신한테 뭘 그리 잘못했는데?"를 수없이 반복했다고 한다.

정말 그 소리 외엔 안 했지? 믿어도 돼? 술에 취해 길에서 쓰러져 자는 사람을 보면 불쌍하고 한심하지만 아무것도 모르고 무아지경에 빠져 얼마나 행복할까 하는 생각도 든다.

그 순간만큼은 근심과 걱정 다 잊을 수 있으니 말이다.

무엇이 그를 괴롭게 해 그리 퍼마셨을까?

깨고 나서 후회할지언정 그 순간만큼은 술은 술의 소임을 다해준 것이다.

술은 취해야 맛이고, 님은 품어야 맛이다. 취하지 않을 술이라면 마시질 말고 품지 못할 님이라면 두질 말라.
같은 이유로 가끔은 미친 사람도 부럽다.
언젠가 홀딱 벗고 거리를 활보하고 있는 여자를 보았다.
많은 사람들의 구경거리가 되어 천진난만하게 히죽 웃는 걸 보니 정신이 온전치 않아 보였다. 부끄러움을 모르니 차라리 행복한 여자일 수도 있겠다 싶다.
더우면 벗고 추우면 아무거라도 주워 걸치고 많은 사람들에게 둘러싸여 나사가 빠진 듯 히죽대는 그 여자….
그저 배부르고 춥지 않으면 그녀는 행복한 것이다.

온 정신으로 미치지 못할 바에야 술의 힘이라도 빌고 싶은데 술에 젖어도 아직 길에 누워 보지 못한 나는 아직은 술꾼 흉내만 내는 어중이 술꾼인가 보다.
그렇다고 내 삶을 포기하고 완전 무엇에 미칠 정도로 대범하지도 못한 나는 나약한 인간임에 틀림없는 것이다.

박수경

들길을 걸으면
들국화 향기가 내게로 스미고
어느새 가을은 한가운데 서 있었다.
늘 반복되는 일상 속 지루한
현실을 외면하고 싶어
잠시 나를 내려놓고
원고지에 서툰 언어로
메마른 마음을 실어 보았다.

khung1953@hanmail.net

나는 피고인 2

지난해 1월 중순의 일이다.

오후 6시경 입주민이 퇴근길에 주유구가 열린 채로 지하 주차장으로 입차를 하던 중 기름이 유출되었다. 그 일로 출차하던 차가 미끄러지면서 소화기를 들이받는 사고가 발생했다. 나는 저녁 8시쯤 연락을 받고 임원들과 사고현장으로 갔다. 양쪽 보험사는 이미 다녀갔고 퇴근했던 직원들과 기름 유출한 입주민 부부가 기름을 닦고 있었다.

소장님께 시간 외 수당을 드려야 되니 시간 체크와 마무리 잘하시라고 부탁을 하고 나는 그냥 집으로 돌아왔다.

그 이후 사고차량 보험사로부터 직원들 수당까지 보상을 받고 조용하기에 일이 잘 마무리되는 줄 알고 있었다. 그런데 9개월쯤 시간이 지난 후 어느 날 서울중앙지법으로부터 한 통의 통지서가 날아왔다. 사고 보험사에서 기름 유출한 보험사와 아파트 관리단 회장한테 구상권을 청구한다는 내용이었다.

이유인즉 관리단이 신속하게 대처를 안 해서 사고가 발생했다는 것이다. 한마디로 어이가 없었다. 그리고 얼마 후 구상금을 청구한다는 소송을 하여 피고인 신분으로 재판을 받으러 오라는 통지서가 또 날아왔다.

재판받기 전 관리회사 법무팀에 의뢰하여 답변서도 제출했다. 재판 날자가 내일로 다가오니 소장님이 "회장님은 제가 모시고 가겠습니다"라고 하기에 서울은 교통이 복잡하니 대중교통을 이용하자고 했다.

우리는 내일 등네 정류장에서 만나자고 약속을 했다.

이튿날 정류장으로 갔으나 약속 시간 20분이 지나도 오질 않는다. 다급한 마음에 전화를 했더니 정류장을 못 찾고 헤매고 있다는 것이다.

집 앞 버스 정류장도 모르는 소장님이다.

"이리 소통이 안 되니 힘이 듭니다. 혼자 다녀올 테니 들어가셔서 관리소 일이나 보세요"라고 한마디 하고는 혼자서 버스와 지하철을 타고 서울중앙지방법원에 도착하니 9시 30분, 너무 이른 시간이다. 순간 그렇게 서두르지 않아도 되었는데 하는 생각도 들었다.

별관 법정으로 가서 사건번호 찾아서 재판 시간을 보니 내 사건은 10시 30분이다. 10시가 되니 재판이 시작되었다. 사건번호대로 원고 피고를 불러 재판을 하는데 소액재판이라 거의 보험사들과의 재판이고 보험사들은 변호사들만 나온 듯싶었다.

드디어 시간이 되어 내 사건의 재판이 시작되었다. 상석에 앉은 판사는 30대 초반쯤 되어 보이는 젊은 여자였다. 이름을 부른다. "원고 앉으세요. 피고 1 앉으세요. 피고 2 앉으세요" 한다.

정해진 좌석에 착석한다. 얼마쯤 침묵이 흐른 뒤 판사님이 말씀하신다. 원고는 다음 재판에 서류를 다시 제출하라고 한다. 전후 사정을 야물게 답변하려고 벼렸는데 기회를 안 주니 구시렁거리며 법원을 나왔다.

2호선 지하철 타고 강남역 1번 출구 나와 나주곰탕 한 그릇 사 먹고 집으로 내려왔다.

한 달 후 재판 날짜가 되어서 지난번과 마찬가지로 그 시간 그 법정으로 갔다. 원고와 피고 1 모두 변호사가 나왔다. 원고 피고 착석 후 판사가 묻는다.

"피고 2는 뭐 하시는 분입니까?"

"아파트관리단 회장입니다."

판사는 고개를 갸우뚱한다. "관리단 회장한테까지 책임을 물어야 하나?" 하면서 "다음 달 18일 선고합니다" 한다. 너무 허무하여 피고 1에게 이제 모두 끝난 거냐고 하니 자기는 변호사라고 묻지 말라고 한다.

재판 후 올해 1월 18일에 최종 판결이 나왔는데 구상금 180만 원이 청구되었다.

나는 기름 유출한 입주민한테 지금까지의 전후 사정을 얘기하니 책임을 회피한다. 보험사에 맡겼으니 자기네는 상관이 없다고 한다. 보험사도 마찬가지다. 판결이 나오기까지 침묵하고 있다가 내가 한마디 했다. 입주민의 관리비로 운영하는 관리소에서 입주민의 부주의로 발생한 사건인데 책임을 회피하시면 변호사 선임하고 주민의 동의서 받아서 소송을 하겠다고 했다.

그제야 죄송하다며 책임지겠다고 하여 조용히 마무리가 잘 되었다.

내 의지와 상관없이 감투를 쓰다 보니 난생처음 피고인으로 법원 출입도 해봤다. 늘그막에 별 경험을 다 해봤으니 그것도 소중한 내 인생의 일부가 아닌가 한다.

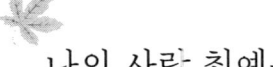
나의 사랑 최예원

    14년 전 외손녀가 태어났다. 산모와 아이가 퇴원하자 어려운 산바라지가 시작되었다.
    남매를 키워봤지만 신생아 목욕시키는 것도 무섭다. 모유만 먹여 아이들을 키운 나는 분유 먹이는 것도 서툴렀다. 모든 걸 공부하듯 새로 배워가야 했다.
    하루가 다르게 쑥쑥 크는 모습과 새 생명에 대한 신비로움에 힘든 줄도 모르고 육아에 푹 빠져서 두 달간 봉사를 하고 집으로 내려왔다.
    그런데 집에 오니 꼼지락거리던 그 모습이 눈에 아른거려 마음은 온통 손녀를 향해 있다.
    내 자식들 키울 때 못 느꼈던 묘한 감정이 싹트면서 사랑의 대상이 생긴 것이다. 하루가 멀다 하고 메일로 사진을 받아 보고 주말이면 손녀를 보러 간다는 기대감에 신바람이 났다. 손녀는 나의 유일한 기쁨이 되었다.
    그러던 어느 날 여느 때와 마찬가지로 초인종을 누르고 들어가니 딸이 버럭 화를 낸다.
    애기가 자고 있는데 엄마 때문에 깨버렸다고 짜증을 낸다.

"아니 다시 재우면 될 것을 그렇게 화를 낼 일인가?"

나 역시도 화가 나서 바로 집으로 내려와버렸다. 그 먼 길을 단숨에 달려간 엄마한테 그럴 수가 있을까? 하는 서운함에 더 이상 머물고 싶지 않았다.

물론 미안하고 죄송하다고 사과는 했지만 내 자존심이 허락을 하지 않는다. 그리고 손녀에 대한 짝사랑을 내려놓고 가슴앓이를 했다. 아무것도 모르는 애기가 나를 보고 싶어 하는 것도 아닌데 혼자만의 짝사랑에 빠져서 괴로워하다니….

어리석은 일이다. 그렇게 시간이 지나 달력을 보니 백일이 코앞에 있다. 모른 척할 수도 없고 가자니 자존심 상하고 난감하지만 그래도 준비를 했다.

백일엔 백설기를 해서 백사람에게 나누어주어야 건강하게 잘 큰다는 속설을 믿고 쌀 두 말을 자동차에 싣고 가 방앗간에 맡겼다.

이튿날 아침이 되니 떡이 배달되어 이웃집도 나누어주고 사위 출근길에 한 박스 실어 보냈다. 대충 정리를 하고 난 후 애기가 칭얼거리기에 업고서 달래던 중 베란다에서 미끄러지면서 그만 넘어지고 말았다.

오른쪽 무릎이 살을 도려내는 듯한 통증이 몰려왔다. 겨우 진정을 한 뒤 바로 동네 한의원을 찾았다. 침을 맞고 뜸을 뜨고 물리치료를 하고 왔는데 통증은 더 심하다. 딸, 사위한테는 괜찮다고는 했지만 내심 걱정이다. 왜냐하면 사돈 내외분과 저녁 식사가 예약되어있는데 창피한 일이다.

벙어리 냉가슴 앓듯 누워있다가 사위가 퇴근하여 예약된 식당으로 가니 사돈 내외분은 먼저 오셔서 기다리고 계신다. 인사를 나누고 아무 일도 없는 듯 식사를 하는데 애기가 울기 시작한다. 첫 나들이라 낯설고 새로운 환경에 적응이 안 된 모양이다. 안고 나와서 식사가 끝날 때 까지 로비에서 달래고 있었다. 사돈 내외분은 식사를 못 하셔서 어찌 하냐고 걱정을 하셨다. 나는 먹는 게 중요한 게 아니고 통증 때문에 괴롭다.

식사가 끝난 후 사돈 어르신이 눈치를 채시고 걱정을 하셨다. 아들에게 낼 장모님 모시고 당장 병원에 가 보라고 당부하신다.

집에 와서 누워있는데 통증 때문에 잠이 오질 않는다. 날이 밝아 택시를 타고 병원으로 갔다. 의사는 MRI를 찍어서 판독을 하고 설명을 한다. 오른쪽 무릎 연골이 파열되었다며 통증이 심했을 텐데 왜 이제 왔느냐고 꾸중을 하신다.

깁스를 하고 목발에 의지하여 딸 집에서 일주일 머물다가 집으로 내려왔다.

4주 후 깁스를 풀고 약 3개월 동안 재활치료를 했다. 그러나 완치가 안 된다. 일병백약이라고 지인들이 연골에 좋다는 약과 병원도 추천해주었지만 효과가 없다.

치료하다 지쳐서 MRI를 들고 정형외과를 무려 8곳을 다니면서 수술 여부를 상담을 했다. 그중에 한 분은 가장 권위 있는 대학병원 교수님인데 자기 가족이라면 수술을 권하지 않겠다고 하신다. 8분 중 7분이 수술을 권유하셨는데 갈등이 생긴다.

한동안 고민을 하다 관절 전문병원에서 파열된 연골을 정리하는 수술을 하고 2주 후 퇴원을 하였다. 그 후 동네 병원으로 옮겨 한 달간 재입원하여 재활치료를 했다.

오래도록 고생은 했으나 현재는 건강하니 수술하기를 아주 잘 한 것 같다.

딸이 가끔 농담을 한다. 그때 다치길 잘했다고…. 그러면 나는 그때 네 딸 봐주다 고생한 거 다 보상하라고 하면서 우리 모녀는 한바탕 웃는다.

세월이 흐르니 고스란히 추억이 되었고, 한 해 두 해 무심한 세월에 밀려 짝사랑의 감정도 둔감해졌고 손녀도 어느덧 의젓한 여중생이 되었다.

나의 사랑 최예원! 바르고, 지혜롭고, 건강하게 자라서 모두의 기쁨이 되기를 할머니가 늘 기도한다.

세 번의 재혼

　1983년 1월 시어머님이 뇌출혈로 쓰러지셨다는 연락을 받았다. 전주 예수병원 중환자실에 입원하신 어머님은 혼수상태로 의식이 없는 채 누워 계셨다.

　어머님은 중환자실에서 한 달간 입원 치료를 하시다 가능성이 없다는 의사의 진단 아래 회복을 못 하시고 식물인간으로 퇴원을 하셨다.

　어머님은 내가 결혼 전에 한 번, 결혼 초에 두 번째 쓰러지셨다. 그때는 치료가 잘 되어서 회복을 하셨지만 세 번째는 영 회복이 불가능한 상태이셨다.

　당시 시골집에는 중학생, 고등학생, 휴학생 시동생과 아버님이 어머님의 병간호를 하고 있었다.

　퇴원 후 나는 주말에 가서 병간호와 가사를 도왔지만 별로 도움이 안 되었다. 가족회의 끝에 이웃에 살고 있는 둘째 동서한테 어머님의 병간호를 해주면 사례를 하겠다고 사정을 했으나 동서는 한마디로 거절했다. 형님이 큰며느리니까 형님 몫이라고 한다. 선택의 여지가 없어 3월 초에 시댁으로 이사를 하였다. 식구는 9명 대가족이지만 낮이면 각자 직장으로 학교로, 아버님은 시장으로 출타하시니 집에는 네 살짜리 아들과 나, 둘만 남았다.
 농사일과 어머님 병간호를 병행하면서 고생 아닌 고행이 시작되었다.
 식사는 미음으로 코에 줄을 끼워 주사기로 넣어드렸다. 기저귀를 갈아 채우고, 욕창이 생기니 수시로 체위 변경도 해드려야만 했다.
 많은 식구에 도시락을 다섯 개씩 싸야 하는 등 모든 것이 혼자의 힘으로 감당하기엔 역부족이다.
 밭에 김을 매러 가면 네 살짜리 아들은 밭이랑에서 잠을 자는 일이 비일비재하다. 생각 끝에 아이를 농번기에는 친정엄마에게 맡기고 농한기에 데려오곤 하였다.
 어머님 보약도 지어서 코 줄로 넣어드리고 온 가족이 지극정성 간호한 보람도 없이 어머님의 병세는 날로 악화되었다.
 그해 11월 56세의 일기로 어머님은 소천하셨다. 장례식을 치루고 사랑채에 어머님의 영정을 모셨다. 조석으로 밥상을 차려놓고 문안드리는 일 또한 나의 일과에 첨부되었다.

 어머님이 돌아가시고 아버님의 귀가 시간이 매일 늦어지셨다. 그즈음 동네에 소문도 파다하게 퍼져 사람들이 나에게 귀띔을 해주신다.
 "새댁 시아버지가 재혼하려고 선을 보러 다니시는데 새댁도 알고 있지?" 하신다.

나는 내 귀를 의심했다. 아버님이 우리와 상의도 없이 그럴 분이 아니신데 헛소문이라고 했다. 당시 아버님의 연세 60세니 한창때였는지 모른다. 그러나 넉넉지 못한 형편에 미혼인 시동생 네 명 중 학생이 세 명이나 있었기에 가족들 모두가 아버님 재혼은 생각조차도 안 했다. 아버님은 쑥스러우신지 말씀도 없이 자식들 눈치만 보신다. 내가 나서기로 했다.

어느 날 늦게 귀가 하시는 아버님께 내가 먼저 말을 걸었다. "아버님 오늘 선보고 오셨지요?" 하였더니 웃으시며 실토를 하신다. 그 후 선을 보러 가실 때는 동행도 하고 아버님이 맘에 들어하시는 분은 찾아가서 단점은 최소화하고 장점은 부각시켜 적극 도와드렸다. 그런 나를 남편은 마뜩잖아한다. 나는 열 효자보다 악처가 낫다고, 아버님을 재혼시켜드리는 것이 우리가 효도하는 길이라고 남편을 설득했다.

아버님 재혼을 위하여 어머니 탈상을 백일로 간소화했다.
아버님의 회갑잔치는 집에서 음식을 장만하여 6백 명의 손님을 초대했다. 그중 선을 보셨던 세 여인도 초대가 되었다. 그러나 그분들은 인연이 안 되었고 이듬해 봄에 비슷한 연세의 할머니와 재혼을 하셨다. 새로 맞은 어머님을 모시고 사는데 한 달쯤 지난 어느 날이었다. 아침에 밥상을 들고 들어가니 어머님이 누워 계셨다. 하여 밥상을 작은방으로 들였다. 고등학생 시동생이 이유를 물어 사실대로 답했다. 시동생은 들으라는 듯 "왜 지금까지 자고 있느냐" 큰 소리를 내니 그 말을 들은 어머님이 버럭

화를 내신다. 그러자 시동생이 밥상을 마당으로 던지는 바람에 밥을 먹으려던 식구들은 아수라장이 된 집 안을 보면서 어쩔 줄 몰라 했다. 그 길로 어머님은 아무리 사정을 하고 말려도 막무가내로 보따리를 챙겨 떠나버리셨다.

아버님은 자식들한테 배신감을 느낀다고 역정을 내셨다. 내가 죽어야 한다고 엄포를 놓으셔서 나는 농약병을 감추느라 정신이 없었다. 순식간에 자식들은 모두 불효자가 되어버렸다. 안절부절못하시는 아버님께 제가 다시 모셔오겠으니 염려 마시라고 안심을 시켜드렸다. 우선 널브러진 마당부터 치우고 할머니 집을 찾아갔다. 용서를 구하고 사정을 해도 두 번 다시 보고 싶지 않다고 한마디로 거절을 하신다. 오히려 나보고 그동안 너무 고마웠고 고생이 많다고, 그 집 며느리로 살기에는 과분하다고 위로를 하신다.

어찌할 도리가 없어 무거운 발걸음으로 들어오는데 걱정이 앞선다. 아버님께 호언장담을 하고 왔는데 뭐라고 할 말이 없으니 말이다. 다시 좋은 분을 찾아보자고 위로의 말씀을 드렸다.

그렇게 몇 달이 지난 그해 겨울, 멀리 부산에 사시는 52세의 젊은 분과 두 번째 재혼을 하셨다. 아버님과는 9년 차이시고 첫 번째 할머니보다 한 단계 업그레이드된 상전 한 분을 모셔왔다. 몇 달간은 조용하게 지내시더니 경제권을 장악하려고 아버님과 자주 다투시고 나를 몹쓸 며느리로 동네방네 이간질을 일삼고 다니는 순 악질 여사였다. 그러나 나는 모른 척 한마디 대꾸도 하지 않았다. 아마도 순진한 시골 할아버지한테 한밑천 챙기려고 온 듯싶었다.

그러던 어느 날 아버님이 남편과 나를 부르시더니 부채가 많다고 하시며 전답을 담보로 부채를 갚아달라는 제안을 하신다. 나는 전답을 정리하시라고 했다. 그리고 용돈이나 쓰시라고 소액의 금액만 드렸다. 아버님은 전답을 모두 정리하신 후 조용히 잘 사시기에 이듬해 5월에 우리 네 식구는 독립하여 전세방을 얻어서 시내로 분가를 했다.

이사 후 시어머니는 일주일이 멀다 하고 찾아와 아버님이 경제권을 안 주니 못 살겠다고 하소연이시다.

공무원의 박봉에 450만 원짜리 전세방에 살고 있는 나보고 어쩌란 말인가?

처음엔 딱한 사정에 생활비를 드렸는데 너무 자주 오시기에 화가 나서 남편한테 얘기를 하니 문전박대를 하란다.

아무런 대책도 없이 재혼하신 아버님이 야속했고 시댁의 모든 일들이 나에게는 짐으로 느껴지니 그 또한 말할 수 없는 스트레스다.

그러던 그해 초가을 셋째 시동생이 결혼을 하게 되었다. 신부댁에서 예단을 해준다기에 시어머니를 모시고 갔는데 맘에 안 든다고 화를 내신다. 내가 맘에 드는 걸로 해드리겠다고 해도 막무가내로 역정을 내셨다.

나는 시동생 자취방에서 하룻밤을 자고 아침에 밥을 하려고 부엌으로 나가던 중 갑자기 토하면서 어지러워 몸을 가눌 수가 없다.

바로 집으로 내려와 동네 병원에 갔더니 약을 처방해주시면서 차도가 없으면 밤에라도 응급실로 가란다. 자고 나도 차도가 없기에 다시 병원에 갔더니 뇌에 이상이 있는 듯싶으니 큰 병원으로 가라고 한다. 택시를 타고 전주 예수병원 응급실로 갔다. CT를 찍어 보니 뇌일혈이라는 진단이 나왔다.

남편은 직장과 애들 때문에 집으로 내려가고 소식을 들은 친정엄마가 놀란 가슴으로 병간호를 하러 오셨다.

휠체어를 타고서 각종 검사를 하고 입원수속을 했다. 주치의가 회진 때마다 하시는 말씀이 젊은 분이 어찌 이런 병이 왔느냐고 걱정을 하신다.

1년간 시어머님 병간호와 대가족 뒷바라지와 농사일과 시아버님 재혼에 너무도 복잡한 환경에 시달렸던 것이다. 그러니 3년간 과도한 스트레스로 병이 난 듯싶었다.

휠체어에 의지하다 2주 후에는 걸을 수 있었고 치료가 잘되어서 3주 후 퇴원을 하였다.

통원 치료를 하면서 시댁의 모든 짐을 내려놓고 치료에만 전념하였다. 부산에서 오신 분은 2년간 집안의 풍파와 경제적 손실만 입힌 채 결국은 헤어지셨다.

아버님은 1년 후 비슷한 연배의 할머니와 3번째 재혼을 하셨다.

많은 세월이 흐른 지금 생각해 본다. 시골 할아버지가 없는 살림에 재혼이란 도전장을 던져놓고 시행착오를 겪으면서 얼마나 마음고생을 하셨을까 하는 측은한 생각도 든다.

세 번째 맞이한 어머님과는 6년간 동거하시다 아버님 70세에 사별하시고, 어머님은 12년간 독거로 사시다 2005년 80세에 세상을 뜨셨다.

미혼이었던 시동생들은 어려운 역경 속에서도 각자도생으로 모두 자수성가하여 대기업에 취업하였고 막내 시동생은 치과의사가 되었다.

아버님 돌아가신 후 새 어머님께 효도하였으며 형제간에 우애하고 6남 1녀 모두 잘 살고 있다. 70을 바라보는 지금 내 인생을 회상해보니 참으로 파란만장했던 나의 삶이 슬프기도 하다.

어느 작가가 말했듯 나는 다시 태어나고 싶지 않고 젊은 날로 돌아가고 싶지도 않다.

저녁노을처럼 물들어가는 황혼의 삶이 그냥 좋다. 바람이 있다면 인생의 나머지 계절을 아름답게 장식하고 싶을 뿐이다.

고향

아들과 3박 4일 일정으로 고향으로 향했다. 가는 길에 최근 큰 수술을 하시고 회복 중인 친정어머니를 뵙고자 대전에 들러 점심을 먹은 후 고향 남원으로 출발했다.

고속도로를 신나게 달려 오후 4시쯤 도착해 시동생에게 전화하니 반색을 한다. 고향에서 농사를 지으며 선산을 지키고 계신 시동생이다. 시부모님과 남편의 산소를 들러 성묘를 했다. 동네 어르신들은 거의 돌아가시고 더러는 자녀들을 따라 도회지로 이사를 가셨으니 빈집이 늘어 잡초만 무성하다.

집으로 들어와 땀을 식히는데 동서는 서울 아들네 가고, 시동생이 저녁밥을 짓겠다고 하는 걸 만류하고 근처 식당으로 가 고향의 맛을 느끼게 염소탕을 맛나게 먹었다.

하루 묵고 가라고 잡는데도 동서가 챙겨놓은 채소 꾸러미를 받고 친정 막내고모 댁으로 갔다.

나는 고모와 밤늦도록 어릴 적 얘기로 꽃을 피운다.

고모는 나보다 10살 위이신데 나를 업어 키우셨고 큰조카라고 가족들의 사랑을 많이 받고 자랐다고 하신다. 그런데 내가 어찌나 많이 울어서 울보공주라고 했단다.

밤이 지나고 새벽이 되니 닭 울음소리와 도회지서는 들어볼 수 없는 교회의 새벽종 소리가 농촌의 정적을 울린다. 뻐꾹새가 뻐꾹뻐꾹, 참새가 짹짹, 개구리는 개굴개굴, 바둑이는 멍멍, 소는 음매, 어느 장단에 춤을 추어야 할지 정겨운 농촌의 풍경이다.

이른 아침을 먹고 친정 산소를 향해 가는데 상전벽해가 되어서 모두가 낯설다.

고향을 떠나면서 두고 간 친정의 많은 전답은 경지 정리로 반듯하게 정리되어 보기가 좋았다. 친정아버지와 조부모님 산소를 들러 잡초도 뽑고 성묘를 한 후 이웃 동네 큰고모부 산소로 갔다. 자손이 없으니 잡초만 무성하여 성묘도 못 하고 돌아오는 발걸음은 왜 그리 무겁기만 하던지 슬펐다. 그리고 내가 나고 자란 고향 집을 둘러보니 옛 생각에 눈가에 이슬이 맺히기도 하였다. 동네 어르신들을 뵙고 오려고 했는데 거의 돌아가셨다.

고모 집에서 점심을 먹고 고모가 챙겨주신 농산물을 가득 싣고 조카네 농장으로 갔다.

퇴직 후 노후 대책으로 만들어놓은 농장에 손수 키워놓은 산양삼을 한 뿌리씩 먹으면서 휴식을 취하는데 친구가 데리러 온다고 전화가 온다. 친구랑 시내 관광단지 구경을 하고 해물탕으로 저녁을 먹고 친구네 집으로 갔다.

남편이 위암 수술을 하고 회복 중인데 많이 수척해 보였다.

지난 이야기들로 밤이 이슥하도록 담소를 나누던 중 요즘 곡성 장미축제 기간인데 오랜만에 왔으니 구경을 가자고 한다.

친구는 늘 바쁜 사람인데 나를 위해 시간을 비워두었다고 한다.

만학을 하여 다방면에 능력 있는 존경스러운 친구다.

잠을 설치고 이른 아침을 먹고 곡성역 축제장에 도착하니 이른 시간인데도 인산인해다.

인파 속으로 들어간 우리는 증기기관차와 레일바이크 체험도 하였다. 카페에서 차도 마시고 축제장을 한 바퀴 돌면서 예쁜 장미 앞에서 포즈도 취해보고 나니 점심때가 되었다.

이곳은 복잡하니 점심은 구례 가서 먹자고 했다.

섬진강 줄기를 따라 옛 추억을 회상하며 구례의 한 식당에 도착하니 1시가 넘었다.

강을 배경으로 한 민물 매운탕 집에서 쓰가리와 참게탕으로 맛있게 먹었다.

지리산 자락을 한 바퀴 돌아서 시내로 들어왔다.

제빵사인 친구는 강의가 있다고 들어가고 우리 모자는 추억을 더듬어 보기로 했다.

아들이 다니던 초등학교와 중학교를 둘러보고 남편의 직장과 우리가 살았던 아파트에 가서 인증 샷도 담았다. 그동안 많이 변하여 가는 곳마다 낯설고 새롭다.

이튿날 아침 일찍 친구가 구워준 빵을 한 박스 싣고 서둘러 집으로 왔다.

시동생과 그모 집에서 받아온 채소와 곡식들…. 그리고 친구가 구워준 빵을 이웃과 나누니 흐뭇하다.

올해는 이렇게 고향 나들이로 나름의 보람도 있었고 기분전환도 되었다.

이제 자주 고향을 찾아야겠다.

링링

태풍 링링이 한반도를 강타하고 지나가면서 우리 아파트에도 많은 피해를 주었다.

방송에서는 강하다고 겁을 주어도 이름처럼 닝닝할 것 같아서 그냥 무시하고 있었다. 관리실에서는 문단속 잘하라고 수시로 방송을 했다. 그래도 귓가에 스치는 바람결인 듯 안일하게 생각하고 있다가 일이 벌어졌다.

주말이라 딸네 식구가 와서 점심을 먹으려고 하는 찰나 세탁실 겸 소방대피실에서 와장창 벼락 치는 소리가 들린다. 나가 보니 바람에 창문이 열렸다 닫히면서 유리창이 산산조각으로 박살이 났다. 바람에 창문이 움직이면서 절반은 붙어있고 절반은 지하 주차장 출입구 쪽으로 떨어진 것이다.

깨진 유리 조각을 대충 치우고 테이프로 붙이는 응급처치를 했다. 관리실에 풍수재해 신고도 마쳤다. 바람은 계속 불고 불안하게 밤을 보내고 날이 밝았다. 바람은 좀 조용해져서 좀 안심이 되었다.

오늘 근무하시는 시설 주임님이 확인차 오- 보시고 그대로 두면 위험하니 유리를 모두 떼어내라고 하신다.

작업을 안전하게 하기 위하여 나는 내려가서 주차장 입출입 차량 수신호를 하기로 했다. 유리를 제거하는 작업이 거의 다 정리가 되어가는 순간 창문에 붙어있던 유리 조각이 출차하는 승용차 위로 떨어졌다. 깜짝 놀라 뛰어가니 차를 갓길에 세우고 동승한 네 명의 가족이 차 안에서 나온다. 차종을 보니 고급 외제 차다. 순간 가슴이 철렁했다.

차를 점검해 보니 큰 흠집은 없는 듯싶어서 연락처를 주고 세차 후 파손되었으면 보상해드리겠다고 했다.

유리를 제거하고 계시던 주임님은 나보다 더 놀라서 걱정을 하신다. 보험 처리하니 걱정 마시라고 했지만 차주한테서 전화가 올까 봐 내심 초조하다.

그 후 한 달쯤 시간이 지나 업체 사장님이 창문을 제작해 오셨다. 그런데 작업 중 실수로 창문이 주차장 출입구에 떨어지는 2차 사고가 발생했다. 창문틀은 박살 나서 사용할 수가 없게 되었다.

사장님 두 분이 땅에 떨어진 유리 파편을 치우시면서 부들부들 떨고 계셨다.

나는 인사사고는 없기에 운이 좋았다고 안심을 시켜드렸다.

만약에 그 무거운 창문이 자동차 출입할 때 떨어졌으면 어쩔 뻔했는가 소름이 돋는다.

주상복합이라 창문 구조가 일반 아파트와는 다르고 위치가 위험에 노출되어있어 힘든 작업이었다.

사다리차를 이용해야 하는 작업인데 비용을 절감하려다 큰 사고가 발생한 것이다.

자제를 구입할 수 없다고 하셔서 미닫이문으로 제작했는데 미관상 보기는 안 좋아도 큰 사고 없음에 감사했다.

지금도 그때를 생각하면 아찔하다. 그렇게 링링은 으리 아파트의 많은 공용 부분과 4세대의 창문을 파손해 피해를 입히고 사라졌다.

그 후 나는 태풍이 올 때마다 꺼진 불도 다시 보듯 철저하게 점검을 하는 습관이 생겼다.

김흥식

"하이. 굿모닝."
회사에 출근하면 밤새 일한 외국인
야간 근무자들의 아침 인사가 하루의
출발을 유쾌하게 한다. 퇴근 시에도
외국인 근로자들의 초롱초롱한
눈매들이 하루의 피로를 씻어준다.
매일 반복되는 회사일이지만
엔고 환율 때문에 조금은 신이 나는데
몸이 옛날 같지가 않구나.

nauli2000@hanmail.net

새벽에 화장하는 남자

새벽 4시, 탁상용 거울 앞에 얼굴 마사지에 여념이 없는 50대 남자.

평생 처음 경험하는 미백치료 고급 수입화장품과 피부재생 프로그램 1단계 치료용으로 구입해야 하는 화장품값이 100만 원 정도다.

한겨울 철에나 밀크 로션이 전부였던 나에게는 그림에 떡이라고 할까?

처음 응급실에 도착했을 때만 해도 온 얼굴에 붕대를 감아 복면강도 모습이었는데 현대 의술이 좋긴 좋은 모양이다.

입원한 지 일주일 만에 불탄 상처를 아물게 해주었으니….

아마 하루 10대씩 주입하는 항생제 계열주사와 필수품으로 따라다니는 링거주사 때문일 것이다.

화상 환자를 속성으로 치료한다고 명성을 얻은 병원의 경제적 생리는 피부 재생치료부터 속셈을 드러내기 시작한다.

"피부 재생치료약은 비보험입니다. 이 약품들을 바르면 원래 피부 모습으로 재생합니다."

어느 환자나 보호자가 병원의 제안을 거절하겠는가?

6~8종류의 피부재생 치료약품 사용법 설명을 자세히 들어보았다.

"글로우-비타씨 세럼-로사캄 3가지 미백치료제는 각각 10분씩 간격을 두고 얼굴을 두드리면서 바르세요. 흉터연고 스카리드겔은 미백치료제 후 30분 후에 바르고 피부 밸런스 알하이드란은 또 흉터연고 후 30분 후에 발라주시고요. 보습 마사지용 아토덤은 피부 건조를 보호하기 위하여 수시로 바르세요…."

의사의 설명대로 미백치료 소요시간을 재 보니 약 2시간이 소요되었다.

하루에 3회 하루 종일 거울을 바라보면서 얼굴을 두드리고 마사지해야 했다.

화상치료는 의사의 치료와 본인 의지가 50%라는데 팔이 아프도록 두들겨 대니 얼굴이 빨갛게 부풀어 오른다. 간호사가 웃으면서 부드럽게 두드리라고 했다.

여성들 화장하는 방법이 쉬운 것이 아니구나…. 아름다운 모습을 보이기 위한 여성들의 화장이 참으로 어렵게 여겨진다.

외적 아름다움에 열중하는 여성들에게 박수라도 보내고 싶다.

팔자에 없는 미백치료도 중반에 접어들었다.

하루가 지날수록 놀라울 정도로 원래 모습으로 돌아오는 얼굴이 신기했다. 거울 속에 비친 거무죽죽한 얼굴이 백색으로 변해가는 모습도 밉지는 않다. 작은 미소를 띠니 거울 속에서 대꾸한다. 의사 말씀 잘 듣고 인내로써 치료하면 10년은 젊은 모습으로 태어난다고 손삭이는 듯하다.

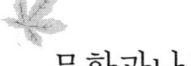
무화과나무

무화과나무는 꽃이 보이지 않는다.

젊은 딸이 어머니에게 자신의 삶에 대해 이야기했다. 사는 게 너무 힘들어서 이제 그만 두 손 들고 싶다고 했다.

어머니는 딸을 데리고 부엌으로 갔다. 그리고 냄비 3개에 물을 채웠다.

첫 번째 냄비에는 당근을 넣고 두 번째 냄비에는 계란을 넣고 세 번째 냄비에는 커피를 넣었다.

어머니는 냄비 3개를 불 위에 얹고 끓을 때까지 아무 말도 없이 앉아있었다. 한동안 시간이 지난 후 불을 끄고 딸에게 당근을 만져보라고 했다. 당근을 만져 보니 부드럽고 물렁했다.

그런 다음 어머니는 계란 껍데기를 벗겨 보라고 했다. 껍데기를 벗기자 계란은 익어서 단단해져있었다.

마지막으로 어머니는 딸에게 커피 향내를 맡고 그 맛을 보라고 시켰다. 딸은 커피 향을 맡고 한 모금 마셨다.

어머니는 설명했다.

"이 세 가지 사물이 다 역경에 처하게 되었단다. 끓는 물이 바로 그 역경이지. 그렇지만 세 물질은 전부 다 다르게 반응했단다. 당근은 단단하고 강하고 단호했지. 그런데 끓는 물과 만난 다음에 부드러워지고 약해졌어. 달걀은 연약하고 그 껍데기는 너무 얇아서 그 안에 들어있는 내용물을 보호하지 못했다. 그렇지만 끓는 물을 견디어 내면서 그 안이 단단해졌지. 그런데 커피는 독특했어. 커피는 끓는 물에 들어가 물 자체를 변화시켜버린 거야."

설명을 마친 어머니는 딸에게 물었다.

"힘든 일이나 역경이 네 문을 두드릴 때, 너는 어떻게 반응하니? 당근? 계란? 아니면 커피?"

살다 보면 몸이 지치고 삶을 포기하고 싶을 때도 있다. 항상 청춘이고 항상 생각만 하면 모든 것이 이루어지는지는 줄 알았던 유년 시절이었다.

정말 겁 없이 세상을 살아온 것 같다. 너무나 욕심이 많은 이기적인 데다 간섭받기 싫어하고 자존심이 강한 독불장군이었다.

가끔 아내의 우호적인 충고도 습관을 바로잡지는 못했다.

평소에 너무 바위처럼 살아왔으니 끓는 물에 들어가서 당근처럼 연하게 변모할 수 있을까?

항상 주님을 찾고 주님의 은총을 받으려고 했는데 과연 주님이 용서해주실까?

벼도 익으면 고개를 숙이는데 이제부터라도 자연의 생리를 배워야겠다.

큰 나무 아래서 햇빛도 제대로 보지 못하면서도 오가는 길손 반겨주는 산야초들과 말없이 뒤에서 봉사하는 사람들이 있다.
항상 꼴찌에서도 미소 띤 얼굴로 땀방울을 훔치는 긍정적인 힘을 가진 사람들이 부럽다.

토끼와 거북이의 우화 속에 나는 토끼처럼 살아왔던 것 같다. 왜 거북이의 여유 있는 승리를 깨우치지 못했을까?
꽃이 꽃받침 속에 숨어서 피는 무화과나무처럼 보이려고 노력하지 말고 삶의 향기를 풍기도록 노력해야겠다.

이냐시오 축일

"열정은 강 하나를 사이에 두고 건넌 자와 건너지 않은 자로 비유되고 구분되는 것이 아니라 강물에 몸을 던져 물살을 타고 먼 길을 떠난 자와 아직 채 강물에 발을 담그지 않은 자, 그 둘로 비유된다. 열정은 건너는 것이 아니라, 몸을 맡겨 흐르는 것이다."
– 이병률의 《끌림》 중에서

몸을 맡긴다는 것은 전체를 맡긴다는 뜻이다.
함께 흐른다는 것은 더불어 끝까지 간다는 뜻이다.
오로지 발만 살짝 담그지 않고 강물에 풍덩 들어가, 때로는 거칠고 때로는 고요한 물살을 따라 운명을 흐르게 하는 것이다.
그것이 열정이며 열정을 가진 사람만이 흐르는 강을 내 안에 품을 수 있다.
주님께서 오늘 우리를 부르신다. 열정으로 전부를 맡기는 신앙이 되어야 한다.
이냐시오 축일 69번째로 맞이하는 생일이다. 불을 상징하는 이냐시오 성인은 정말 불처럼 주님의 왕국 건설에 전 생애를 바쳤는데 새삼스레 주님에 대한 불성실한 모습게 가슴이 뜨거움을 느낀다.

작은 겸손은 교만이라는 것을 이제야 알 것 같은 용기 없는 자의 하소연이랄까?

이웃에 널려있는 쉬고 있는 교우들에게 왜 뜨거운 불덩이가 되지 못했을까? 반성 또 반성해 본다.

넋두리

며칠 동안 회사 일에 목을 매는 것 같다. 불경기에 전부 죽는 다고 야단들인데 수출 주문이 많아 즐거운 비명을 질러야 하니 그래도 기축년 황소 떼들이 도와주는가 보다.

새벽에 출근하고 밤늦게 귀가하니 하숙생이 따로 없구나.

"하이. 굿모닝."

회사에 출근하면 밤새 일한 외국인 야간 근무자들의 아침 인사가 하루의 출발을 유쾌하게 한다. 퇴근 시에도 외국인 근로자들의 초롱초롱한 눈매들이 하루의 피로를 씻어준다.

매일 반복되는 회사일이지만 엔고 환율 때문에 조금은 신이나는데 몸이 옛날 같지가 않구나.

일자리가 없다고 야단들이다. 그러나 어렵고 힘든 일이나 밤 근무는 외면하는 우리나라 젊은이들이다. 언제부터인가 외국인들이 그 자리를 대신하게 되었다.

색다른 인종이지만 항상 밝은 모습으로 욷심히 일하는 외국인들은 근면하고 성실하다.

50년 전 우리나라의 헐벗은 빈곤 상태를 돌이켜보는 것 같다.

그때 독일로 외화를 벌려고 고향을 떠난 간호사와 광부들이 흘린 피땀은 부강한 우리나라를 만드는 데 톡톡히 일조를 했다.

오직 잘살아야 한다는 강한 욕구 하나로 손바닥이 부르트도록 일만 했던 선배님들이다.

삶이란 어렵다고 하면 한없이 어렵다.

어쩌면 우리가 자식을 잘못 키웠는지도 모른다. 내 자식만은 힘든 일 시키지 않겠다고 당신 뼛속 녹는 줄 모르고 키워 낸 자식들이다. 분수도 모르고 빈둥거리는 젊은이들 머릿속엔 아마 한탕주의가 꿈꾸는 악의 독버섯이 자라고 있을지도 모르겠다.

김수환 추기경을 하늘로 보내고 많이 울고 많은 생각을 했다. 작은 일에도 만족하고 이웃을 사랑하고 용서하는 일이 최선이다 싶어도 실천하긴 많은 수행을 요구한다.

함께 고생하는 파란 눈을 가진 젊은이들의 등 한번 두드려주고 미소로 그들을 안아주었다.

이사벨라

나의 딸 이사벨라 해마다 설날이 다가오면 네가 제일 생각나는구나.

어느덧 네가 떠난 지도 6년이 지났구나.

영어가 부족하다 해서 뉴질랜드로 처음 유학 갈 때가 엊그제 같은데, 난생처음 비행기를 태워 보내면서 걱정도 많이 했는데 말이다.

너는 여자지만 남자보다 더 큰 용기와 두둑한 배짱이 있었지.

첫해는 언어장벽에 이국생활에 고생도 많았지만 몇 년 동안 줄기차게 공부하더니 영어로 소곤소곤 귓속말도 하더구나. 그렇게도 높았던 언어의 장벽이 허물고 결혼과 사회 진출 문제로 고민하더니 너의 판단이 옳았구나.

이제 뉴질랜드에서 생활터전을 마련하고 걱정 없이 살아가는 너를 보니 얼마나 든든하고 대견스러운지 모르겠다.

이사벨라. 너는 부모보다도 더 잘하고 있어.

외국에는 절대로 가지 않겠다는 철부지 여동생 루이사를 이탈리아까지 유학 보내고 지금은 한국을 대표하는 슈즈 디자이너로 열심히 활동하는 것도 너의 덕분이구나.

남들은 입시 공부한다고 밤잠을 설치는데 공부에 열중하지 않는 막둥이 남동생 바오로를 뉴질랜드로 불러서 한 달 동안 설득하고 정신교육을 시켜주었지.

네 덕분에 바오로는 중국 유학을 잘 견디면서 피나는 노력 끝에 유창한 중국어를 구사하더구나.

이제 바오로가 해군에서 제대하면 네가 데려간다 하니 한편으로는 대견스럽지만 한편으로는 아들마저 외국에 보내려니 마음이 아프구나.

그러나 어쩌랴. 어차피 국제화 시대에 접어든 한국이니까 너희들이 보고 싶으면 우리가 달려가면 되겠지.

항상 주님의 사랑으로 너희들을 키워 오고 외국에 있어도 주님이 보호해주시니 엄마는 하루도 빠짐없이 성당을 오가며 너희들을 위한 기도를 드리고 있다.

너는 큰딸이면서도 우리 가정의 대들보이고 동생들의 언니, 누나요, 스승이구나.

너의 리드로 동생들이 무탈하고 열심히 자기 할 일을 묵묵히 해주는 것이 고맙구나.

무엇보다 너희들이 부모 속 태우는 일이 없으니 그것만으로도 행복하구나.

아빠도 한동안 사업 때문에 해외 출장도 많이 다녔고 물질의 욕구에 마음이 사악해지고 너희들에게 따뜻한 말 한마디 제대로 해주지 못했는데 어찌 너희들은 순한 양처럼 곱게 잘 커주었구

나. 모두 다 이사벨라의 큰마음이라고 생각한다….

아빠 엄마가 못 챙기는 시골 할머니께도 안부전화 잊지 않았던 이사벨라야. 정말 고맙구나.

결혼한 지 3년이 지났지만 아직도 오클랜드대학에서 회계학을 공부하는 너의 열성은 아무도 못 말리는구나.

아기는 천천히 가져도 되니까 젊음이 있을 때 학문을 익혀라.

내일 모래면 고향에서 설날을 맞이하는데 또 한 차례 너의 전화로 온 가족의 심금을 울리겠구나.

이사벨라. 작년에 처음 가보았던 뉴질랜드, 그 이전에 미국 생활도 오래 했지만 역시 네가 사는 곳은 지상낙원이더라.

목재로 된 이층집. 연기 나는 공장은 허락하지 않는 나라. 온 거리가 초원이고 주거지만큼 넓고 많은 공원들이고 사면이 바다인 곳…. 유학을 보내면 돌아오지 않는다는 꿈과 자연의 나라.

언젠가는 너희들이 있으니 노후를 함께 보낼지도 모르지만 아직까지는 한국에서 해야 할 일이 많구나.

"거저 받았으니 거저 주어라."

오늘 새벽 묵상에 나온 말씀이 자꾸만 뇌리를 스친다.

이사벨라. 항상 주님의 품 안에서 베푸는 마음으로 남편을 사랑하고 불우한 이웃을 지나치지 말고 주님을 닮은 달로 살아가길 바란다.

김석태

철마다 단풍 드는 나뭇잎이나
꽃잎에도 감동받고
비 오는 날
커피 한 잔에도 시심에 잠기는 걸 보면
모두 마음은 동심인 게다.
마음만이라도 멋진 청년으로 살 수 있다면
겉모습이 늙어간다고 두렵겠는가.

ssss60@hanmail.net

전원일기

오전 11시쯤 시골집 가는 길옆 식당 주변이 많은 차량들로 북적이고 있었다.

웬일인가 싶어 차를 세우고 무슨 일이냐고 물었더니 이곳이 TV에 나온 착한 도가니탕 집이란다.

한 프로그램의 PD가 전국의 80여 곳 유명 도가니탕 집을 대상으로 샅샅이 훑어 시식을 해봤다고 한다.

대부분 소 힘줄(스지)을 사용한 가짜 도가니탕이라고 판명이 낫다. 그런데 이곳만 유일하게 정직한 재료를 써서 맛을 내는 착한 도가니탕으로 선정됐다고 소문이 자자해서 연일 전국에서 몰려드는 손님들로 북새통이란다.

그도 그럴 것이 소 힘줄과 도가니는 각각 탕으로 나왔을 때 일반인은 물론 전문가도 구별이 힘들다고 한다.

농장에 갈 때마다 그냥 지나치다 어제는 작심하고 번호표 받고 줄을 섰다. 1시간 이상 기다린 후에 드디어 차례가 되어 들어갔다.

방도 허술하고 추운 마룻바닥에서 불편하게 앉아 먹는 모습도 진풍경이다.

반찬은 깍두기와 김치뿐이지만 깔끔하고 맛있었다.

도가니탕은 칼슘과 단백질과 무기질 등이 풍부해서 무릎 연골이 약하거나 닳아서 약한 사람이 먹으면 좋다고 한다.

혹시 근처에 볼일 있거나 지나게 된다면 충남에 들러서 맛있는 도가니탕 한 그릇 먹고 가도 좋을 것 같다.

시골집이 산 밑에 있어 개를 키우는데 엄마는 비호. 그 새끼는 비순이. 또 다른 종인 똑순이. 모두 암놈이다.

그들은 주인 없는 집을 지키며 내가 가면 꼬리를 흔들며 반긴다.

2년 전 비호가 겨울 이맘때 출산하여 비순이 육 남매를 엄동설한에 키우느라고 무척 고생을 했다.

그 후로 그들이 발정이 나도 남자 친구와 전혀 만나지 못하도록 엄하게 단속을 했다. 잠깐 운동을 시킬 때만 잠깐 우리에서 풀어주었다. 그렇게 철통 단속을 했건만 비순이가 임신을 했으니 어이가 없었다.

배가 남산만 한 걸 보니 출산이 임박한 듯하다.

얼마 전 운동시킨다고 풀어줬을 때였다. 아랫마을 가서 한나절 정도 늦게 오더니 그때 남자를 만나 아이를 배고 온 모양이다.

어떻게 그 짧은 순간 남자를 만나 거사를 치렀는지 혀를 내두를 지경이다.

날씨는 자꾸 추워지는데 출산일은 닥치고 산바라지로 이만저만 걱정이 아니다.

일단 임시방편으로 마른 짚단을 푹신하게 깔아주었다.

내가 매일 거주하는 집도 아니고 오며 가며 돌봐주어야 하는데 걱정이 태산이다.

내 핸드폰 카톡에 3都 4村이란 글이 먼저 뜬 적이 있다. 그렇게 대전과 시골을 오가며 살았다.

미당 서정주 시인은 "나를 키운 건 팔 할이 바람"이라 노래했지만 나에게 전원생활이야말로 그랬다. 아침에 눈뜨면 지붕기왓장 틈새로 드나드는 참새 소리와 해 질 녘 저녁노을에 퍼지는 풍경 소리는 어느 산사에서의 정취 못지않다.

마을에서 꼭대기에 위치한 집인지라 그리고 외딴집이라 밤이면 적막해 가로등과 반려견 한 마리는 내게 꼭 있어야 되는 나의 숙원이었다.

논산시청에 신청해놓고 5년간 기다린 끝에 가로등을 설치해 줘서 얼마나 반가웠는지 모른다.

그런데 아랫집 형님은 불만인 것 같다.

이유인즉 거실이 훤해서 거실에서는 잠을 잘 수 없다는 것이다. 또 불빛으로 인해 들깨가 불면증에 걸려 여물지 않는다는 것이다.

하여 요즘은 가로등을 꺼놨더니 형님 얼굴빛이 환해지셨다.

형님은 개도 싫어해서 내가 항상 조심한다. 집을 비울 때는 항상 돌봐주시고 감사한 일도 많다. 듣기 싫은 말은 참아가면서 서로 이해하고 오순도순 살아가야지.

그런 사소한 일로 서먹한 것도 세월이 흐르니 별것 아니더라.

이젠 내려놓을 때

1

한 달 전 왼쪽 구릎이 아파 대전 가톨릭병원에 갔었다.
난생처음 MRI라는 걸 찍어 보니 연골 파열로 시술을 받으라고 한다.
의사의 갑작스러운 제의에 동의하고 몇 달 경과를 지켜보기로 했다. 집에 돌아와 봉침을 맞으며 무릎을 아끼니 조금 차도는 있으나 걷기는 불편하다.
이젠 슬슬 소일거리로 하던 농사도 줄여나갈 때가 된 것 같다.
무릎을 굽히는 일은 치명상이라고 하니 떨어진 알밤 줍기도 버거운 노동이다. 긴 집게를 이용하니 훨씬 수월하다.

천하장사 김석태도 아프다. 아파 보니 걷는 게 얼마나 중요한지 알겠다.
신체 어느 곳 하나 소중하지 않은 곳 있겠냐마는 이제 앞만 보지 말고 옆도 뒤도 돌아보면서 함께 옆을 지켜온 아내에게도 져줄 수 있는 남편으로 살아야겠다.

요즘 아내는 몇 m 걷지를 못한다. 당뇨에 혈압에 종합병원이니 큰 걱정이다.

절뚝이는 아내를 부축하며 식당으로 향하면서 죽음이라는 걸 생각해 봤다. 그리 멀지 않은 지점의 단풍 든 계절이다.

한때 그 지긋지긋했던 부부라는 인연도 이젠 측은지정으로 서로 다독이며 남은 여정을 걸어가야 한다.

평생을 내 옆에서 검은 머리에 희끗희끗 백발성성한, 성치 않은 아내를 바라보니 짠하다.

부디 아프지 마라. 가을이다.

2

나는 어려서부터 교회에 다녔다. 어머니는 여러 남매를 선하게 교육시키고픈 마음이 컸을 것이다. 또 하나 마당 구석구석 귀신 섬기기와 많은 제사를 추도예배로 대신함이 이유일 것이다.

아내의 신실함에 비해 나의 겨자씨만 한 신앙심은 비교가 되지 못했다.

코로나19를 핑계로 대전의 큰 교회를 뒤로하고 지금의 작은 대명교회로 이적한 게 올해부터다.

이곳으로 교회를 정한 이유 중 하나는 목사님의 지극한 노인 사랑이다. 미용실도 같이 가고 식사 대접하고 사랑을 몸소 실천하신다.

예산도 빈약한 시골 교회지만 목사님으로부터 생일 선물을 받아 본 것도 처음이다.

몇 년 전 마당 한쪽에 돌을 모아 힘들여 돌탑을 쌓았다. 그걸 본 아내가 계룡산 근처에 많고 많은 암자를 연상했는지 당장 부순다고 난리를 친다.

궁리 끝에 항아리에 페인트로 '무엇보다도 뜨겁게 서로 사랑할지니 사랑은 허다한 죄를 덮느니라: 벧전 4장 8절'을 써서 올려놓으니 잠잠하다.

몇 년 전 문학기행으로 북간도 명동촌 윤동주 생가 옆 명동교회를 방문했다. 그곳에서 본 시인의 외삼촌인 규암 김약연 목사님의 글이 지금도 감동이었다.

"나의 행동이 곧 나의 유언이다."

3

철마다 단풍 드는 나뭇잎이나 꽃잎에도 감동받고 비 오는 날 커피 한 잔에도 시심에 잠기는 걸 보면 모두 마음은 동심인 게다.

미인의 기준은 각기 다르겠지만 나는 가지런하고 건강한 치아가 첫 번째 미인의 조건으로 꼽고 싶다. 우리가 부모로부터 물려받은 신체의 각 부분은 중요하지 않은 곳이 하나도 없다.

치아가 얼마나 중요했으면 오복 중 하나라 했을까.

나의 치아는 부실해서 거의 다 제거하고 임플란트로 대수선을 한 상태다. 부실해진 원인은 아마 선천적으로 태어날 때부터인 것 같다.

가물가물한 나의 유년 시절 기억을 더듬어 보면 아버지 등에 업혀 산 너머 용하다는 돌팔이 의원한테 치료를 받곤 했다.

찬바람 부는 겨울이면 더 심한 통증으로 고생했으니 아마 풍치인 듯싶다.

그런 치아를 고이고이 아껴서 지금껏 잘 쓰고 얼마 전 마지막 몇 개 남은 것도 제거하고 전부 임플란트로 교체했다.

가끔 아내는 입속에 승용차 한 대 넣고 다닌다고 말한다.

그래도 이 정도 예쁜 치아를 가질 수 있게 발전한 의술에 감사한다.

예전 조상님들은 어떻게 치아 없이 노후를 사셨을까? 그 불편함을 겪어 보지 못한 사람은 이해하지 못하리라.

잘 씹지 못하고 못 드시니 평균수명도 낮았을 것이다.

지금은 장수 시대라 치아 관리 잘해서 앞으로도 몇십 년은 더 써야 할 텐데 말이다.

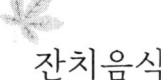
잔치음식

어릴 적 시골에서는 잔치하면 떠오르는 게 잔치국수다.

결혼식장이나 장례식장이 없던 시절 초가집 차일을 친 마당에서 살림살이가 누추하거나 어쨌거나 동네 사람들 전부 모여 시끌벅적 음식 장만에 분주했다.

그때는 부조라야 돈이 없으면 형편대로 쌀이나 계란 몇 줄, 그것도 없으면 몸으로 부조하는 것도 한 방편이었으리라.

그 시절엔 지나가는 각설이패에게도 푸짐한 한 상을 대접하는 걸 당연시 여기던 때였다.

세월이 변해 결혼식장도 없는 게 없는 뷔페 음식으로 하객을 맞는다.

거슬러 올라가면 아들이 초등 5~6학년 두렵부터 우체통에서 청첩장을 들고 와서는 아빠 혼자 가지 말고 저를 꼭 데리고 가달라는 부탁을 한다.

그전에 내가 아들을 데리고 친척 결혼식장에 다녀온 적이 있었는데 무척 좋아했다.

처음에 한두 번은 아들 부탁이라 거절하지 못하고 같이 다녔다.

그때가 대전 둔산동 개발되기 전 시골이라 형편이 어려워 여느 보통의 축의금 봉투 달랑 하나 들고 매번 아들과 같이 가는 것에 나의 자존심이 허락지 않았다.

어느 때는 너는 저쪽에서 식사하라고 한 적이 있었는데 지금도 생각하면 두고두고 아비로써 부끄러운 일이다.

그때는 염치 코치 없는 게 자갈논 서너 마지기보다 낫다는 걸 왜 몰랐을까?

그때는 제 어미가 몸이 성치 않아 제때 음식을 못 해 먹여 얼굴에 하얀 비듬 같은 것도 나고 가끔 자장면 한 그릇 사주면 그릇에 얼굴을 들이밀고 핥아 먹어 얼굴이 온통 짜장 범벅이 되곤 했다.

그런 아들이 엊그제 추석에 총경 승진 임명장을 가져와 안긴다.

내가 받아들고 제일 먼저 울컥한 게 그때 구석진 곳에서 혼자 먹게 한 잔치음식 때문이다.

장하다 우리 아들아. 그리고 아비가 미안하다.

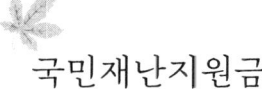
국민재난지원금

얼마 전 국민의 89%가 1인당 25만 원씩 재난지원금을 신청하는 바람에 면사무소나 농협이 한때 북새통을 이루고 있었다.

나도 생년월일에 맞춰 신청을 하니 어쩐 일인지 안 되는 것이다.

재산이라야 싸 빠진 시골 땅과 대전에 오래된 아파트와 젊을 때 지어 임대하는 다가구에 아들 것까지 자동차 2대 전부다. 내가 전 국민의 12%에 해당하는 브자인가, 라는 의구심을 가지지 않을 수 없었다.

어쩌다 서울나들이라도 할라치면 비싼 자동차와 초호화판인 고급 아파트가 얼마나 즐비한데 내가 부자라니 가당키나 한 건지 모르겠다.

나 같은 사람은 시골에서 농사짓고 밤송이 떨어지면 줍는다. 감나무 된서리 맞아 홍시 되면 그게 큰돈이 되는 것도 아닌데 마냥 좋아하며 자랑삼아 사진 찍어 친구들한테 보내는 스박한 농사꾼일 뿐이다.

나중에 알고 보니 내가 내는 의료보험이 많아 자격 미달이라는 것이다. 포기하고 있던 차에 논산시에서 시민들 모두에게 준다고 한다. 나중에 면사무소에서 코로나 상생지원금 카드를 발급받았다.

이튿날 농협하나로 마트에 가서 그 카드로 맥주와 소주를 각각 한 박스씩 샀다.

젊어서는 술을 입에 대지도 못했는데 요즘은 나이가 들어 변했는지 반주로 한잔씩 즐겨 마신다. 해가 서쪽에서 뜨겠다.

서향인 우리 집은 한여름엔 덥긴 한데 붉게 물든 해 질 녘 노을은 장관이다. 나의 노년도 반주 한잔에 저 노을과 함께 붉게 익어 가리라.

에필로그

시작이 반이라더니 벌써 세 번째 두레박에 샘물을 길어 올린다. 그러나 극심한 가뭄으로 두레박에 물 채우기가 쉽진 않았다. 한 방울의 물을 모아 두레박에 채워 퍼 올리는 일에 고심이 깊어 갔다.

그래도 두드리니 선뜻 함께해준 친구들의 배려로 난산 끝에 세상에 얼굴을 드러낸다. 감사한 일이다.

높고 맑은 광활한 캔버스에 구름이 붓을 들었다. 한 폭의 명화가 걸려있는 시월의 하늘이 눈부시다.
60대의 마지막 가을을 건너는 뒷모습이 쓸쓸하지 않도록 오늘도 은발의 청춘들은 깜찍한 반란을 꿈꾼다.

2021.10.22. 53글방
편집부